CHRISTIAN WALDHOFF (Hrsg.)

Gnade vor Recht – Gnade durch Recht?

Wissenschaftliche Abhandlungen und Reden
zur Philosophie, Politik und Geistesgeschichte

Band 81

Gnade vor Recht – Gnade durch Recht?

Herausgegeben von

Christian Waldhoff

Mit Beiträgen von

Ulrich Berges
Thomas Harden
David von Mayenburg
Stefan Ulrich Pieper
Christian Waldhoff

Duncker & Humblot · Berlin

Bibliografische Information der Deutschen Nationalbibliothek

Die Deutsche Nationalbibliothek verzeichnet diese Publikation in der Deutschen Nationalbibliografie; detaillierte bibliografische Daten sind im Internet über http://dnb.d-nb.de abrufbar.

Fremddatenübernahme: Fotosatz Voigt, Berlin
Druck: Meta Systems Publishing & Printservices GmbH, Wustermark
Printed in Germany

ISSN 0935-5200
ISBN 978-3-428-14385-6 (Print)
ISBN 978-3-428-54385-4 (E-Book)
ISBN 978-3-428-84385-5 (Print & E-Book)

Gedruckt auf alterungsbeständigem (säurefreiem) Papier
entsprechend ISO 9706 ♾

Internet: http://www.duncker-humblot.de

Inhalt

Einführung
Von *Christian Waldhoff* 7

„Gnädig ist JHWH und gerecht“ (Ps 116,5). Zur Ambiguität von Recht und Gnade im biblischen Gottesbild
Von *Ulrich Berges* 11

Begnadigung aus rechtshistorischer Perspektive
Von *David von Mayenburg* 33

Einblicke in die Gnadenpraxis am Beispiel Nordrhein-Westfalens
Von *Thomas Harden* 75

Das Gnadenrecht des Bundespräsidenten – eine Bestandsaufnahme
Von *Stefan Ulrich Pieper* 89

Hat Gnade im demokratischen Verfassungsstaat (noch) eine Daseinsberechtigung?
Von *Christian Waldhoff* 131

Autoren 151

Rechtstexte zur Gnade 153

Bibliographie Gnade und Recht 158

Einführung

Von *Christian Waldhoff*

Gnade vor Recht – Gnade durch Recht? Man könnte noch ergänzen: „Gnade im Recht" oder „Gnade nach Recht". Gnade soll danach älter als Recht sein, sie soll zudem in ihrem Anwendungsbereich dem Recht vorgehen, sich im Ernstfall durchsetzen. In der Konsequenz unserer auf Verrechtlichung und vollständige gerichtliche Überprüfung ausgerichteten Verfassungsordnung ist die Gnade seit einigen Jahrzehnten freilich teilverrechtlicht worden („Gnade im Recht"/„Gnade durch Recht") und hat womöglich ihren Charakter verändert. Zudem sind zahlreiche ursprünglich der Gnade zugeordnete Einrichtungen direkt in die Rechtsordnung diffundiert. Was bedeutet das? Hat Gnade angesichts dieser Veränderungen überhaupt noch eine Daseinsberechtigung? Ist sie in der Rechtspraxis noch eine relevante Größe? *Montesquieu* sagt in De l'Esprit des Lois: „Die Gnade ist ein besonderer Vorzug der Monarchen. In der Republik, deren Prinzip die Tugend ist, ist sie nicht so nötig." Verändern biblische/christliche/theologische Ursprünge etwas an unseren Deutungen? Haben sie Relevanz für unsere Argumentation im säkularen Verfassungsstaat? Das sind die Fragen, denen hier nachgegangen werden soll. Es handelt sich um vier Vorträge, die auf der Tagung der rechts- und staatswissenschaftlichen Sektion der Görres-Gesellschaft 2012 in Münster gehalten wurden. Der Beitrag von *Stefan Ulrich Pieper* aus der Festschrift für Roman Herzog zum 70. Geburtstag, der hier in überarbeiteter und ergänzter Fassung beigefügt wird, wird mit freundlicher Genehmigung des Verlags C. H. Beck, München, erneut publiziert.

Mit der Gnade nehmen wir uns jenseits von irgendwelchen hervorhebenswerten Aktualitäten einer Strafrecht, Verfassungsrecht und Rechtsphilosophie verbindenden Kategorie an, bei der nicht sicher ist, ob sie „Recht“ ist oder was sie sonst sein könnte. „Recht ohne Gnade ist Unrecht“, wird ein deutsches Rechtssprichwort von *Gustav Radbruch* zitiert[1]. Das Thema weist freilich über einen im engeren Sinne juristischen Rahmen von vornherein hinaus: „Recht und Gnade sind die zentralen Themen und Anliegen der gesamten christlichen Überlieferung. Diese Stellung im Mittelpunkt von Glauben und Leben gibt ihnen schon das Judentum des Alten Testaments. Das Christentum vertieft und verändert ihren Gehalt, verbindet ihn aber vor allem mit der Person Jesu von Nazareth, der beide Anliegen voll vertreten und dafür gelitten hat.“[2] In der Politischen Theologie *Carl Schmitts* mit ihren Parallelisierungen von Theologie und Staatsrecht wird als säkularisierter Gott der allmächtige Staat auch „als der Gütige und Barmherzige, der durch Begnadigungen und Amnestien seine Überlegenheit über seine eigenen Gesetze beweist“, gekennzeichnet[3]. In diesen wenigen Bemerkungen wird bereits ein Spannungsverhältnis zwischen dem – zumindest in der Gegenwart – mit den Ansprüchen von Bestimmtheit und Rechtssicherheit auftretenden Recht einerseits, des schwer zu fassenden, offenbar mit historischen und theologischen Konnotationen befrachteten Instituts der Gnade andererseits sichtbar. Es ist zu vermuten, dass Veränderungen im Recht und Veränderungen in der Legitimation von Recht Rückwirkungen auf Daseinsberechtigung wie Praxis von Begnadigungen haben.

Die Öffentlichkeit beschäftigt sich mit der Problematik eher selten. Nur wenn ein prominenter Terrorist ein Gnadengesuch beim Bundespräsidenten stellt, wie dies 2007 *Christian Klar* kurz vor seiner dann ohnehin 2008 erfolgenden Haftentlassung tat, bricht eine Reaktion aus: Der damalige Bundespräsident *Horst Köhler* traf sich, wie nachträglich bekannt wurde, mit *Christian Klar* „an einem Ort in Süddeutschland“, um sich mit ihm zu

---

1 Rechtsphilosophie, 8. Aufl. 1973, S. 273.

2 *K. von Rabenau,* Recht und Gnade, in: Kühl/Seher (Hrsg.), Rom, Recht, Religion, 2011, S. 115.

3 Politische Theologie, 6. Aufl. 1993, S. 44.

unterhalten. Das Gnadengesuch wurde schließlich ohne Begründung abgelehnt. Rechtsschutz besteht dagegen – wie wir noch erfahren werden – nicht. Aus dem Umfeld der Beteiligten war zu erfahren, dass fehlende Einsicht und Reue des Stellers des Gnadengesuchs zu dieser Entscheidung geführt haben. Ist es angemessen, dass sich das Staatsoberhaupt mit einem der gefährlichsten verurteilten Terroristen zum Gespräch trifft? Schon die Symbolwirkung dieses mehr oder weniger geheim gehaltenen Vorgehens ist kaum zu übertreffen: Der Bundespräsident wird als Zeuge nach deutschen Prozessordnungen als einzige Person nicht im Gerichtssaal, sondern in seiner Wohnung einvernommen[4]; um einen Straftäter zur Vorbereitung einer Entscheidung über ein Gnadengesuch zu sprechen, begibt er sich anonym hunderte Kilometer entfernt in eine Justizvollzugsanstalt? Der russische Präsident *Putin* entließ vor Weihnachten 2013 demonstrativ und spektakulär Gefangene und beherrschte damit die Berichterstattung. Jedes Jahr führen deutsche Länder eine „Weihnachtsamnestie“ durch, die sich rechtlich als Begnadigung darstellt[5].

Der theologische Bezug unseres Themas wurde bereits angedeutet. Folgerichtig steht der Beitrag eines Theologen, *Ulrich Berges,* der – seiner Profession entsprechend – uns vorrangig alttestamentlich informieren wird, am Anfang. Kaum ein Rechtsinstitut – wenn es denn ein solches ist – ist so stark historisch geprägt wie die Gnade. Daher erfordert eine fundierte Diskussion die historische Vergewisserung des Verhältnisses von Recht und Gnade in der Rechtsgeschichte. Dafür zeichnet *David von*

---

4 Siehe § 49 StPO; § 219 Abs. 2; 375 Abs. 2 ZPO.

5 Vgl. zuletzt vL. (*Robert von Lucius*): Ein Fest der Freiheit. Viele Gefangene profitieren von der Weihnachtsamnestie, Frankfurter Allgemeine Zeitung Nr. 299 vom 24. Dezember 2013, S. 7: Danach ließ Nordrhein-Westfalen im November 2013 748 von über 15.000 Gefangenen frei; Voraussetzung war das Einverständnis des Gefangenen, gute Führung in der Haft und der Nachweis einer gesicherten Unterkunft und des Lebensunterhalts. Niedersachsen entließ demnach 88 Häftlinge, freilich nur solche, die ohnehin bis zum 2. Januar entlassen worden wären. Nach ähnlichem Modell entließ Hessen 106 Gefangene bei 42 abgelehnten Anträgen. Für Sachsen-Anhalt wird die Entlassung von 32 der 1.900 Häftlinge berichtet.

Mayenburg verantwortlich. Diese grundlagenbetonte Herangehensweise, die meinem Verständnis von Recht und Rechtswissenschaft entspricht, birgt freilich die Gefahr, dass wir über etwas reden, von dem wir in der Rechtswirklichkeit nur wenig wissen. Daher halte ich es für unverzichtbar, Informationen zu erhalten, wie die Gnadenpraxis tatsächlich aussieht. Da der Schwerpunkt der Begnadigungen in der Bundesrepublik auf Ebene der Länder anzusiedeln ist, berichtet Leitender Oberstaatsanwalt *Thomas Harden* aus Düsseldorf für das Land Nordrhein-Westfalen. Über die Wirklichkeit von Gnade im Rechtsstaat informiert aus der Perspektive des Bundes *Stefan Ulrich Pieper,* Justiziar im Bundespräsidialamt. Dieser Beitrag bringt auch eine rechtsdogmatische Bestandsanalyse, die ich selbst im abschließenden Vortrag mit einem etwas anderen Akzent fortsetze.

„Gnädig ist JHWH und gerecht" (Ps 116, 5). Zur Ambiguität von Recht und Gnade im biblischen Gottesbild

Von *Ulrich Berges*

Die Beteiligung eines Theologen und Exegeten bei der juristischen Problemstellung von „Gnade und Recht" geht auf ein Gespräch zurück, das Kollege *Waldhoff* und ich vor einigen Monaten in der Bonner Universitätsmensa führten. Auf seine Frage, was denn aus theologischer Sicht zum Verhältnis von „Gnade und Recht" beizubringen sei, sagte ich, dass ich diese Frage nur aus biblischer bzw., noch enger gefasst, aus alttestamentlicher Sicht zu beantworten wüsste. Auf das Feld der systematischen Theologie wolle ich mich nicht begeben, schon gar nicht bei einem so umstrittenen Thema wie dem der „Gnade". So beschränke ich mich im Folgenden auf den Bereich der alttestamentlichen Bücher des hebräischen Kanons und lasse die griechischen Bücher des Alten Testaments nebst dem griechischen Neuen Testament außer Acht.

I. Probleme bei der semantischen Rückfrage

Anders als das griechische χάρις (*charis*), das zwar vieles mehr als nur Gnade bedeutet und für Freude, Lust, Anmut, Liebreiz, Gunst, Huld, Freundlichkeit, Dank, Vergeltung, Lohn etc. stehen kann[1], aber dennoch der prägende Begriff für „Gnade" ist, gibt es im biblischen Hebräisch keinen ähnlichen Einzelbegriff. Das liegt nicht zuletzt am Spezifikum des Althebräischen als orientalischer Sprache, deren Stärke nicht in der Definitionskraft liegt, sondern im facettenreichen Abtasten der Wirklich-

---

1 Dazu bes. *N. Baumert*, Zur Begriffsgeschichte von χάρις im griechischen Sprachraum, ThPh 65 (1990), S. 79–100.

keit. Die hohe Dichte an Verben gegenüber der geringeren Zahl an Nomina und der noch einmal reduzierten Anzahl an Adjektiven weist in die gleiche Richtung. Die altorientalische und alttestamentliche Wahrnehmung zielt nicht auf einen wie auch immer gearteten Gesamtentwurf, sondern beleuchtet unterschiedliche Aspekte der Wirklichkeit (Aspektivierung versus Perspektivierung), die mitunter auch in Konkurrenz zueinander stehen können. Die Mehrdeutigkeit der Wirklichkeit wird nicht durch eine Gesamtperspektive eingeebnet, sondern beschreibend eingeholt. Zum Beispiel hat das Althebräische eine Vielzahl von unterschiedlichen Termini für „Arme" und „Armut" hervorgebracht, die verschiedene Aspekte dieses gesellschaftlichen Phänomens anzeigen, ohne dass es eine Gesamtperspektive gäbe.[2]

Die semantische Nachfrage zur „Gnade" im Alten Testament gestaltet sich ebenfalls schwierig, da das Althebräische dafür kein eigenes Wort kennt.[3] Dies betont auch *P. van Imschoot* gleich zu Beginn seiner Ausführungen zum Thema „Gnade": „Im AT fehlt ein Wort für G. im theologischen Sinn, d.h. eine übernatürliche Gabe Gottes. Am ehesten werden unserem Gnadenbegriff die Bezeichnungen *chen* und *chesed* gerecht."[4] Im ständig aktualisierbaren, weil digitalen wissenschaftlichen Bibellexikon (WiBiLEX) gibt es bisher neben dem Eintrag „Gnadenjahr" keine eigene Behandlung des Themas „Gnade". Eine solche findet sich dagegen im Handbuch theologischer Grundbegriffe zum Alten und Neuen Testament (HGANT), bei der *B. Janowski* sogleich weitere Begriffe mit ins Spiel bringt, wenn er ausführt: „Die G. ist nicht diejenige Kraft in Gott, die an die Stelle des Rechts und der Gerechtigkeit tritt (vgl. die sprichwörtliche Redewendung ‚G. vor Recht ergehen lassen'), sondern diejenige Kraft in ihm, die seine Gerechtigkeit in seinen

---

2 *U. Berges/R. Hoppe,* Arm und Reich, Neue Echter Bibel Themen 10, 2009.

3 Im Neuhebräischen werden dafür zwei Termini aus dem Althebräischen verwendet: *chesed* („Treue") und *rachamim* („Erbarmungen/Barmherzigkeit").

4 *P. van Imschoot,* Art. „Gnade", in: Haag (Hrsg.), Bibel-Lexikon, 3. Aufl. 1982, S. 603.

Gnadenwillen hineinzieht und so Welt und Mensch ‚zurechtbringt'".[5] Ob diese synthetisierende Sicht die Ambiguität von Gnade und Recht beseitigen kann, müssen die nachfolgenden Ausführungen zeigen. Festzuhalten bleibt vorerst, dass das Fehlen eines Begriffs für „Gnade" die semantische Nachfrage im Bereich des ATs nicht unmöglich macht, sondern sie geradezu herausfordert. Das Begriffsbündel, das alttestamentlich so etwas wie Gnade beinhaltet oder anzeigt, liegt also nicht einfach vor, sondern muss erst noch geschnürt werden. Dass eine gründliche Aufarbeitung im Rahmen dieses Beitrages nicht geleistet werden kann, versteht sich von selbst. Zudem müssen diachrone Differenzierungen ausbleiben, denn in der über fünfhundertjährigen Entstehungszeit der Hebräischen Bibel (von ca. 800–300 v. Chr.) haben sich wohl auch literatur- und theologiegeschichtliche Verschiebungen ergeben, denen hier aber nicht nachgegangen werden kann.[6]

Das gnadenvolle Handeln gehört unbestritten in den Kanon der „Eigenschaften" JHWHs, und zwar zur Kategorie derjenigen Attribute, „die die *reale Verbundenheit* zwischen Gott und Mensch bezeichnen".[7] So gehen mehrere monographische Studien der letzten Jahre dem Aspekt der göttlichen Güte bzw. Gnade nach, wobei bereits in den Titeln der dynamische Charakter dieser Eigenschaft aufscheint.[8] Für das aktuelle Thema

---

[5] *B. Janowski/K. Scholtissek,* Art. „Gnade", in: Berlejung/Frevel (Hrsg.), Handbuch theologischer Grundbegriffe zum Alten und Neuen Testament, 2006, S. 222 f. (Hervorhebung im Original).

[6] Einen guten Überblick verschafft *K. Schmid,* Literaturgeschichte des Alten Testaments, 2008.

[7] So *B. Janowski/K. Scholtissek,* Art. „Eigenschaften Gottes", in: Berlejung/Frevel (Hrsg.), Handbuch theologischer Grundbegriffe zum Alten und Neuen Testament, 2006, S. 142.

[8] *R. Scoralick,* Gottes Güte und Gottes Zorn. Die Gottesprädikationen in Ex 34,6f und ihre intertextuellen Beziehungen zum Zwölfprophetenbuch, HBS 33, 2002; *J.-D. Döhling,* Der bewegliche Gott. Eine Untersuchung des Motivs der Reue Gottes in der Hebräischen Bibel, HBS 61, 2009; siehe auch den Sammelband von *R. Scoralick* (Hrsg.), Das Drama der Barmherzigkeit Gottes. Studien zur biblischen Gottesrede und ihrer Wirkungsgeschichte in Judentum und Christentum, SBS 183, 2000.

besonders interessant ist die Monographie von *M. Zehetbauer*, Die Polarität von Gerechtigkeit und Barmherzigkeit, Regensburg 1999, auf die ich später noch näher eingehen werde. Wegen des fehlenden direkten semantischen Zugangs findet sich wohl auch in der groß angelegten gesamtbiblischen Theologie von *R. Feldmeier* (Neues Testament) und *H. Spieckermann* (Altes Testament) kein eigener Eintrag zu Gott „dem Gnädigen", wohingegen „der Liebende" oder „der Allmächtige" sehr wohl eigene Unterpunkte bilden.[9] Im Sachregister wird man bei „Gnade Gottes" u.a. auf Einträge zur „Barmherzigkeit" und „Vergebung" weitergeleitet. Auch diese sehr anerkannten Kollegen protestantischer Provenienz verwenden den Begriff der „Gnade Gottes" also nicht unmittelbar, um das „Gotteswissen der christlichen Bibel" auf den Punkt zu bringen.[10]

Bevor wir das semantische Feld der „Gnade Gottes" in der Hebräischen Bibel abschreiten, soll schon ein erster Seitenblick auf das Begriffsterrain des „Rechts" und der „Gerechtigkeit" geworfen werden. Die Wortfelduntersuchung gestaltet sich hier im Prinzip einfacher, denn mit *mishpat* und *tsedaqa* liegen zwei eindeutige Termini vor, die *R. Feldmeier/H. Spieckermann* in der obigen Publikation so voneinander abgrenzen: „Im Alten Orient und im Alten Testament sind Gerechtigkeit und Recht komplementär aufeinander bezogen. Davon zeugen Rechtskodizes aus verschiedenen Jahrhunderten und Rechtserzählungen, häufig mit paradigmatischem Anspruch. Unter *mishpat* (‚Recht') sind primär die konkrete Rechtsetzung und Rechtsprechung zu verstehen, unter *tsedeq* und *tsedaqa* (‚Gerechtigkeit') primär die umfassende Vorstellung mit Begründungsfunktion, normativem Anspruch und prägender Kraft für Gegenwart und Zukunft."[11]

---

9 *R. Feldmeier/H. Spieckermann,* Der Gott der Lebendigen, Topoi Biblischer Theologie 1, 2011.

10 So lautet der erste Satz ihres Vorworts, ebd. o.S.: „Das vorliegende Werk will das Gotteswissen der christlichen Bibel als einen kohärenten Entwurf präsentieren."

11 *R. Feldmeier/H. Spieckermann* (Fn. 9), S. 288.

Es wäre aber eine billige Unterschätzung, würde man davon ausgehen, dass das Alte Testament unhinterfragt von der Gerechtigkeit Gottes spräche. Es ist kein Geringerer als Abraham, der JHWH an die Normen des Rechts und der Gerechtigkeit erinnert, als dieser im Begriff ist, Unschuldige zusammen mit den Schuldigen in Sodom und Gomorra ums Leben kommen zu lassen: „Sollte sich der Richter über die ganze Erde nicht an das Recht halten?" (Gen 18,25). Niemand klagt JHWH heftiger an als die als Frau und Mutter personifizierte Stadt Jerusalem/Zion, und zwar in der Verzweiflung über das Los ihrer einerseits getöteten und andererseits nach Babel deportierten Kinder: „Es liegen am Boden der Gassen Jüngling und Greis. Meine Jungfrauen und meine Burschen sind gefallen durchs Schwert. Du hast getötet am Tag des Zornes, du hast geschlachtet, nicht verschont" (Klgl 2,21).[12] Am Los der unschuldigen Gerechten entscheidet sich die Gerechtigkeit Gottes bzw. dessen Ungerechtigkeit, wie das exemplarisch der gerechte Ijob auf den Punkt bringt: „Schuldlos bin ich, er aber hat mich schuldig gesprochen (Ijob 9,20b) [...] Es ist alles eins! Darum sage ich: Den Schuldlosen wie den Schuldigen bringt er um" (Ijob 9,22). Die Gottheit hat das gut verstanden, wenn sie zu Beginn des Schlussplädoyers dem Klagenden vorhält: „Willst du wirklich mein Recht bestreiten, mich schuldig sprechen, damit du Recht bekommst?" (Ijob 40,8). Dem unschuldig Leidenden kommt nicht nur der gütige, barmherzige und gnädige Gott abhanden, sondern zudem auch der des Rechts und der Gerechtigkeit. Gerade in Kontexten, die von himmelschreienden (!) Ungerechtigkeiten geprägt sind, wird die Anfrage an Gott als gerechten Herrscher und Richter unabwendbar.[13] So fragt ein Beter in tödlicher

---

12 Dazu *U. Berges,* Klagelieder (Herders Theologischer Kommentar zum Alten Testament), 2002; 2. Aufl. 2012; *ders.*, The Violence of God in the Book of Lamentations, in: Chatelion Counet/Berges (Hrsg.), One Text and A Thousand Methods. Studies in Memory of Sjef van Tilborg (Biblical Interpretation Series 71), Boston/Leiden 2005, p. 21–44.

13 Siehe *U. Berges,* Hiob in Lateinamerika. Der leidende Mensch und der aussätzige Gott, BETL (Leuven) 114 (1994), S. 297–317; *ders.*, Ijob. Klage und Anklage als Weg der Befreiung, in: Steins (Hrsg.), Schweigen wäre gotteslästerlich. Die heilende Kraft der Klage, 2000, S. 103–112.

Krankheit und voller Bitterkeit, ob Gottes Wunder in der Totenwelt gekannt würden, seine Gerechtigkeit im Land des Vergessens? (Ps 88,13).[14]

Insgesamt muss gelten, dass Gnade und Recht nicht nur in juristischer Perspektive in einem spannungsreichen Verhältnis stehen, sondern dass sie auch aus biblischer Sicht, als Attribute Gottes, der weiteren Nachfrage bedürfen.[15]

II. Religionsgeschichtliche Hintergründe und Entwicklungen

Die Gründe für diese unauflösbare Spannung sind vielschichtig, haben aber auch mit dem geschichtlichen Werden der Gottesvorstellung von JHWH im Alten Testament als Teil der altorientalischen Umwelt zu tun. „Gnade" (als „Güte", „Treue", „Barmherzigkeit") und „Recht" stammen aus unterschiedlichen Kontexten und werden unterschiedlichen Gottheiten zugeordnet. Im Zuge der monotheistischen Verdichtung wurden diese und andere Eigenschaften dem *einen* JHWH zugesprochen, wodurch sich dessen Verantwortungs- und Zuständigkeitsbereich zusehends erweiterten. Damit ging eine gesteigerte Ambiguität einher, deren Spuren im Alten Testament noch deutlich zu sehen sind.

Die nachfolgende Stufung von *T. Bauer* zur Ambiguierung und Disambiguierung im Islam lässt sich heuristisch ertragreich auch auf den Facettenreichtum JHWHs im Alten Testament anwenden: „Zu Beginn entsteht aus verschiedenen Gründen ein Ambiguitätsüberschuß, der zu einer Krise führt. Diese Krise löst einen Prozeß der Disambiguierung aus, der zumeist in meh-

---

14 Dazu *U. Berges,* Schweigen ist Silber – Klagen ist Gold. Das Drama der Gottesbeziehung aus alttestamentlicher Sicht mit einer Auslegung zu Ps 88 (Salzburger Exegetisch-Theologische Vorträge Bd. 1), 2003.

15 Gegen Vereinfachungen wie u.a. bei *C. Tietz,* Leid und Schicksal, in: Kraus/Schröder (Hrsg.), Kulturelle Grundlagen Europas. Grundbegriffe, 2012, 51: „Dieser Gedanke findet sich im Alten Testament immer wieder. Gott ist da, in allem, was dem Menschen an ‚Schicksalhaftem' und Leidvollem zustößt."

reren Schritten erfolgt. Diese Disambiguierung wird aber nicht bis zum Ende geführt, weil ein vollständiges Auflösen jeder Ambiguität wiederum als Verlust erschienen wäre. So steht am Ende des Prozesses nicht etwa völlige Eindeutigkeit, sondern immer noch Ambiguität, die allerdings nun überschaubar und sozial handhabbar geworden ist. Diese *gezähmte Ambiguität* wird sodann als fester Bestandteil der Kultur akzeptiert, durch kulturelle Handlungen stets auf neue bestätigt und als Teil des kulturellen Wissens etabliert."[16]

Es war ein enormer „Ambiguitätsüberschuß", der in exilischer und nachexilischer Zeit das Gottesbild JHWHs charakterisierte: Wie konnte der gute und gütige Gott so gerecht und zugleich so ungerecht sein, dass er mit der Strafe des Exils nicht nur die Verantwortlichen getroffen, sondern auch viele Unschuldige in Mithaftung genommen hatte? In spätnachexilischer Zeit potenzierte sich das Problem, denn nun stand der einzelne Beter nach dem Zusammenbruch eines staatlichen und politischen Begründungszusammenhangs (u.a. korrupte Könige und Führungsschicht), dem Zorn JHWHs völlig unvermittelt und hilflos gegenüber. Dies führte den Protagonisten in den Dialogen des Ijobbuches in die schärfste Gotteskrise hinein und in dessen Rahmenhandlung durch die Einführung des Satan zugleich aus dieser heraus.[17] Der Prozess der Disambiguierung setzt genau dort ein, wo der Ambiguitätsüberschuss das Maß der kulturellen und rituellen Vermittelbarkeit überstieg. Wie sollte man sich dem einzigen Gott anvertrauen können, wenn man sich nicht sicher war, ob dieser es gut oder schlecht mit einem meinte? Die Disambiguierung wurde im Alten Testament (z.B. durch die Einführung des „Satans" im Ijobprolog) aber nicht so weit getrieben, dass jegliche Ambiguität aus dem Gottesbild verbannt worden wäre, denn eine solche Entwicklung hätte die notwendige Komplexität der monotheistischen Idee letztlich aufgehoben.

---

16 *T. Bauer*, Die Kultur der Ambiguität. Eine andere Geschichte des Islams, 2011, S. 57 (Hervorhebung im Original).

17 Dazu *U. Berges*, Der Ijobrahmen (Ijob 1,1–2,10; 42,7–17). Theologische Versuche angesichts unschuldigen Leidens, Biblische Zeitschrift 39 (1995), S. 225–245.

Es ist kein Zufall, sondern geradezu kulturgeschichtliche Notwendigkeit, dass der erste christliche Häretiker *Marcion* das Gottesverständnis von allem Makel befreien wollte und dazu nur durch die gnostische Zweiteilung aller Wirklichkeit imstande war.[18] Demgegenüber blieb es in der jüdischen – mehr als in der christlichen Tradition – bei einer *gezähmten Ambigutität,* welche die Spannung von „Gnade“ und „Recht“ nicht auflöste, sondern theologisch vermittelbar und kulturell handhabbar machte (s. u.).

III. Semantische Spurensuche zur „Gnade“ Gottes im Alten Testament

Zum Begriffsterrain der „Gnade“ gehören vor allem das Verb *chanan* („gnädig sein“), das Adjektiv *chanun* („gnädig“), das Nomen *chesed* („Güte“)[19] sowie die Nomina *emet* („Wahrhaftigkeit/„Treue“) und *rechem/rachamim* („Mutterleib“; „Eingeweide“; „Erbarmen“; „Barmherzigkeit“).[20]

Die gemeinsemitische Wurzel *ch-n-n,* als Verb (*chanan*), Adjektiv (*chanun*) und Nomen (*chen*), stammt mit großer Wahrscheinlichkeit aus dem höfischen Milieu, wo die Gnade immer von einem Höhergestellten zu einem von dieser Zugewandtheit Abhängigen ausgeht oder auch nicht ausgeht, wie dies in der Redewendung „wenn ich Gnade gefunden habe in deinen Augen“ gut zum Ausdruck kommt (vgl. Gen 34,11; Num 32,5; 1 Sam 27,5; Est 5,8; 7,3). Insgesamt gilt für den profanen, also nicht theologischen Gebrauch: „Da *chen* im ursprünglichen Geltungsbereich des Wortes von einem König ausgeht, zu dessen Pflichten auch der Schutz der Unglücklichen gehört, dessen Interesse an der Qualifizierung eines Untertanen andererseits durchaus unterschiedlich sein kann, klingt immer der Ton gnädiger Her-

---

18 Dazu weiterführend u. a. *K. H. Menke,* Spielarten des Marcionismus in der Geistesgeschichte des 20. Jahrhunderts, 2011.

19 *B. Janowski,* Art. „Gnade“, in: Handbuch theologischer Grundbegriffe zum Alten und Neuen Testament, 2006, S. 223.

20 *R. Kampling,* Art. „Barmherzigkeit“, in: Handbuch theologischer Grundbegriffe zum Alten und Neuen Testament, 2006, S. 106.

ablassung mit […] In der bisher besprochenen Verwendung wäre *chen* mit ‚Gunst', noch besser mit ‚Berücksichtigung', auch ‚Zuneigung' wiederzugeben."[21]

In theologischer Verwendung tritt der Aspekt der gewährten Gunst, Begünstigung und damit der freien Gnade noch stärker in den Vordergrund, was dem kategorialen Unterschied zwischen Gott und Mensch geschuldet ist. Nicht das, was man inhaltlich von „Gnade" denkt, bestimmt die Vorstellung vom Gott JHWH, sondern im Gegenteil, was man von diesem denkt, erhofft und erwartet, wird zur Füllung des semantischen Feldes herangezogen.[22] So wird die erbetene Rettung durch die Schutzgottheit zum erhofften Erweis seiner Gunst und Gnade, wie dies im Psalter bei den Gebeten des Einzelnen häufig zu beobachten ist: „Erhöre mich, wenn ich rufe, Gott meiner Gerechtigkeit. In der Bedrängnis hast du mir Raum geschaffen. Sei mir gnädig und höre mein Gebet" (Ps 4,2; vgl. u.a. Ps 9,14; 25,16).

Zum gleichen Bereich gehört die Wurzel *r-ch-m,* die ein „Sich-Erbarmen" anzeigt und hauptsächlich die emotionale, positive Zugewandtheit meint: „Stärke und Charakter des emotionalen Elements sind durch die Art des Subjekts und den Grad der inneren Beteiligung bestimmt; jedenfalls ist *rachamim* zunächst die ‚weiche Stelle' im Wesen eines Menschen (Gen 43,30)".[23] Wie schon bei *chanan* („gnädig sein") zeigt sich auch hier ein eindeutiges Gefälle: *„r-ch-m* ist im AT immer vom Höheren gegenüber dem Niedrigeren, niemals vom Menschen gegenüber Gott gebraucht."[24] Von den *rachamim,* den „Erbarmungen" Gottes ist erneut besonders in der Gebets- und Psalmensprache die Rede (u.a. Jes 63,7.15; Ps 25,6; 40,12; 51,3;

---

21 *H.J. Stoebe,* Art. „gnädig sein", in: Jenni/Westermann (Hrsg.), Theologisches Handwörterbuch zum Alten Testament, Bd. 1, 5. Aufl. 1994, S. 590 f.

22 So *Stoebe* (Fn. 21), S. 594.

23 *H.J. Stoebe,* Art. „sich erbarmen", in: Jenni/Westermann (Hrsg.), Theologisches Handwörterbuch zum Alten Testament, Bd. 2, 4. Aufl. 1993, S. 762.

24 *Stoebe* (Fn. 23), S. 764.

69,17), und zwar oftmals in Verbindung mit der göttlichen Entscheidung zur „Treue", zu seinem *chesed*: „Die Bereitschaft Gottes zum *chesed* ist offenbar die Voraussetzung zum Erbarmen."[25]

Die Verdichtung der emotionalen Zugewandtheit zeigt sich besonders deutlich bei der Charakterisierung JHWHs als „gnädig" (*chanun*) und „barmherzig" (*rachum*). Im Hintergrund des ersten Begriffs steht JHWH als König, beim zweiten Gott als Vater.[26]

Beide Aspekte, König und Vater, sind im ugaritischen Pantheon mit der höchsten Gottheit, El, verbunden, der häufig als „der Gütige, El, der Gemütvolle" bezeichnet wird.[27] Die bedeutendste Rezeption erhielten diese göttlichen Eigenschaften – über das Gottesbild des Alten Testaments vermittelt – im Koran, wo es zu Beginn jeder Sure (außer der 9. Sure) heißt: „Im Namen Gottes, des Erbarmers, des Barmherzigen."

Ein letzter Begriff soll noch zur Sprache kommen, das Nomen *chesed*. Die damit bezeichnete „Treue" wird anders als *rachamim* „Erbarmen" nicht nur von oben nach unten als Solidaritätsverpflichtung geleistet, sondern muss als Verpflichtung zum Gehorsam auch vom Niedrigeren zum Höherstehenden eingebracht werden. Die Übersetzung von *chesed* als „solidarische Treue" (engl. „steadfast love") trifft das Gemeinte am besten, so „dass mit *chesed* etwas Besonderes im wechselseitigen Verhalten gemeint ist, etwas, das jedenfalls über das eigentlich Selbstverständliche hinausgeht."[28]

Erst in nachexilischer Zeit, als sich das vorexilische Alleinverehrungsgebot (JHWH-Monolatrie[29]) zum reflektierten Mo-

---

25 *Stoebe* (Fn. 23), S. 766.

26 *Stoebe* (Fn. 21), S. 595; dazu weiterführend *A. Böckler,* Gott als Vater im Alten Testament. Traditionsgeschichtliche Untersuchungen zur Entstehung und Entwicklung eines Gottesbildes, 2. Aufl. 2002.

27 Siehe *O. Loretz,* Ugarit und die Bibel. Kanaanäische Götter und Religion im Alten Testament, 1990, S. 66.

28 *H.J. Stoebe,* Art. „Güte", Theologisches Handwörterbuch zum Alten Testament, Bd. 1, S. 607.

notheismus weiterentwickelte, kam es zur Selbstdefinition des Gottes Israels – und zwar unter Zuhilfenahme der drei vorgestellten Termini („barmherzig"; „gnädig"; „solidarische Treue"). Nach dem Abfall zum Goldenen Kalb (besser: Stier), der zur Zertrümmerung der ersten Gesetzestafeln führte, kommt es auf Grund der Interzession des Religionsstifters Mose zu JHWHs Selbstoffenbarung: „JHWH ging an ihm vorüber und rief: JHWH, JHWH, ein barmherziger (*rachum*) und gnädiger (*chanun*) Gott, langmütig und von großer Gnade (*rav chesed*) und Treue (*emet*)" (Ex 34,6). Dieser ganz und gar positiven „Eigenschaftslehre" JHWHs fügt sich eine Spezifizierung bzw. Erweiterung an, die deutlich macht, dass seine Solidarität auch über die Schuldgeschichte des Volkes hinaus Bestand hat und Bestand haben wird. Sie lautet V 7: „der Treue (*chesed*) bewahrt Tausenden, der Schuld, Vergehen und Sünde vergibt, der aber nicht gänzlich frei macht, sondern die Schuld der Vorfahren ahndet an Söhnen und Enkeln, bis zur dritten und vierten Generation". Diese so genannte „Gnadenformel", die man besser „Gnaden- *und* Zornesformel" nennen sollte, ist in allen Kanonteilen des Alten Testaments belegt, was ihre theologische Bedeutsamkeit unterstreicht.[30]

Für das Thema „Gnade und Recht" liegt gerade in Ex 34,7 ein erhebliches Potential, wenn es auf der einen Seite heißt, JHWH vergebe Vergehen und Schuld, mache aber nicht gänzlich frei, sondern ahnde die Schuld der Vorfahren bis zur dritten und vierten Generation. Meist betonen die exegetischen Kommentare, auf welch großartige Weise hier die Fülle der Gnade, die für tausend Generationen gelte, der Begrenztheit der Strafe gegenübergestellt werde, die nur bis ins dritte und vierte Geschlecht reiche: „Es geht hier also um das Übermaß der göttlichen Barmherzigkeit gegenüber seiner Strafgerechtigkeit. Die Aussage die-

---

29 Zur Abgrenzung des Begriffs, siehe *B. Gladigow*, Monotheismus, in: Cancik u.a. (Hrsg.), Handbuch religionswissenschaftlicher Grundbegriffe, Bd. 4, 1998, S. 153: „Wird von einem einzelnen oder einer ganzen Volksgruppe eine henotheistische Glaubensform als *dauernde* übernommen, dann spricht man von *Monolatrie.*"

30 Num 14,18; Joel 2,13; Jon 4,2; Ps 86,15; 103,8; 145,8; Neh 9,17.

ses Textstückes leugnet die Strafgerechtigkeit nicht, ordnet sie aber deutlich gegenüber der göttlichen Barmherzigkeit ein."[31] Dem ist zuzustimmen, aber die fundamentale Spannung von „Gnade und Recht" ist dadurch nicht aufgehoben, sondern letztlich nur „gezähmt". Der Strafaspekt lässt sich weder philologisch, noch theologisch aus der „Gnaden- und Zornesformel" eliminieren, auch wenn es sich beim hebräischen Verb *p-q-d* nicht um ein „Strafen", sondern nur um ein „Prüfen" handeln sollte: „Die Beschränkung beim Strafen auf die Generationenzahl, die in der altisraelitischen Großfamilie höchstens zusammenleben kann, passt zu dem Basisverständnis der Aussage, dass es *nicht* – wie durch viele Übersetzungen unterstellt wird – um ein Bestrafen der nachfolgenden Generation für die Vergehen der vorausgehenden geht, sondern um ein Prüfen, ob die Sünden der einen Generation bei den Nachgeborenen wieder begegnen."[32] Aber, so ist doch zu fragen, muss dem Prüfen nicht ein Strafen folgen, wenn die Prüfung negativ ausfällt? Und wieso prüft, ahndet, straft JHWH überhaupt noch, wenn er doch so voller Gnade, Barmherzigheit und Zugewandtheit ist?[33] Auch die neutestamentliche und christliche Theologie im Allgemeinen muss sich dieser Frage aussetzen, denn warum muss es noch ein Endgericht geben, wenn Jesus als der Christus doch zur Schuldtilgung aller gestorben ist?

Der Rabbiner und Exeget Benno Jakob sieht die Spannung von „Gnade und Recht" in Ex 34 sehr klar und führt zu dem Umstandssatz „ohne gänzlich frei zu machen" in V 7 aus, damit werde keine neue Eigenschaft JHWH eingeführt, sondern die göttliche Vergebung werde bewusst eingeschränkt. Das hebr. Verb *n-q-h* („ungestraft lassen") sei „ein Terminus des Rechtes, das durch die Gnade nicht aufgehoben ist."[34]

---

31 *C. Dohmen,* Exodus 19–40, Herders Theologischer Kommentar zum Alten Testament, Freiburg i. Br. 2004, S. 355.

32 *C. Dohmen* (Fn. 31), S. 355 (Hervorhebung im Original).

33 Darauf weist *H. J. Stoebe,* Art. „Gnade", Theologisches Handwörterbuch zum Alten Testament, Bd. 1, S. 613 in einem Nebensatz hin: „Die begriffliche Spannung zeigt sich in der Klammer ‚der aber nicht ganz ungestraft läßt' (V. 7b), die das vorher Gesagte fast aufhebt."

IV. Semantische Spurensuche zu „Recht“ und „Gerechtigkeit“ Gottes im Alten Testament

Gerechtigkeit in der altorientalischen und alttestamentlichen Welt ist nicht auf den juristischen Bereich beschränkt, sondern umfasst alle Bereiche des Lebens und kann sogar als das den gesamten Kosmos beseelende Prinzip angesehen werden. Jedes Tun und Lassen hat sich daran auszurichten: „Das Handeln der Menschen (und auch das von Gottheiten) ist dann gerecht, wenn es in Übereinstimmung steht mit der Weltordnung bzw. mit dem der Welt innewohnenden Sinn.“[35] Der transzendente Charakter der Gerechtigkeit als Weltordnung, der Gottheiten und Menschen ent- oder auch widersprechen können, gehört zu den Grundpfeilern antiker Ethik.

Religionsgeschichtlich gesehen besteht kein Zweifel daran, dass das theophore Element *tsedeq* in Personennamen (vgl. Melchisedek Gen 14,18; Adoni-Zedek Jos 10,1) auf eine Gottheit hindeutet, die sich speziell um diesen Bereich kümmert.[36] Im mesopotamischen Raum bilden die Göttin *Kittum* „Recht/Gerechtigkeit“ (hebr. *kun*) und der Gott *Misharum* „Geradheit/Recht“ ein Götterpaar, das den richtigen, d.h. den gemeinschaftsfördernden, Lebenswandel überwacht und für faire Rechtsverfahren sorgt.[37] Sie stehen in enger Beziehung zum Sonnengott *Schamasch* (hebr. *shemesh* = Sonne), der durch seine Lichtstrahlen das finstere Treiben der Bösen aufdeckt und sie vernichtet.

---

34 *B. Jakob,* Das Buch Exodus, 1997, 969. Nach Fertigstellung des Manuskripts im Jahre 1943 konnte es erst nach über 50 Jahren, im Auftrag des Leo Baeck Instituts, dem deutschsprachigen Lesepublikum zugänglich gemacht werden.

35 *J. Kügler,* Art. „Gerechtigkeit“, in: Berlejung/Frevel (Hrsg.), Handbuch theologischer Grundbegriffe zum Alten und Neuen Testament, 2006, S. 211.

36 Zum Folgenden *B. F. Batto,* Art. „Zedeq“, in: van der Toorn u.a. (ed.), Dictionary of Deities and Demons in the Bible, Leiden 1995, p. 1750–1758.

37 *K. Koch,* Art. „gemeinschaftstreu/heilvoll sein“, Theologisches Handwörterbuch zum Alten Testament, Bd. 2, S. 509 f.

In Ägypten ist es die Göttin *Maat,* die als Tochter des Sonnengottes *Re* für die Weltordnung gemäß Wahrheit und Gerechtigkeit zuständig ist. Der Kult des Gottes *Tsedeq* ist für das jebusitische Jerusalem (also vor der Einnahme durch David um das Jahr 1000 v. Chr.) sehr wahrscheinlich, wie es neben dem Namen Melchisedek (*malki-tsedeq* = mein König ist Gerechtigkeit) auch die Bezeichnung Jerusalems als „Stadt der Gerechtigkeit" anzeigt (Jes 1,21.26; vgl. Jer 31,23: „Weide der Gerechtigkeit"). In Jer 33,16 wird JHWH in enger Verbindung mit Jerusalem zum Gott der Gerechtigkeit: „In jenen Tagen wird Juda Hilfe erfahren, und Jerusalem wird sicher wohnen; und so wird man es nennen: JHWH ist unsere Gerechtigkeit." Durch die Integration auch des jebusitischen *Tsedeq* in das Bild vom Gott JHWH wurde seine Identität erneut erweitert und komplexer.[38] Spuren dieser Transpositionen ins Gottesbild JHWHs hinein sind mehrfach zu beobachten, so im Königspsalm 89, V 15: „Gerechtigkeit und Recht sind die Stütze deines Throns, Gnade und Treue stehen vor deinem Angesicht." Pointiert heißt es in Ps 85: „Gnade (*chesed*) und Treue (*emet*) finden zusammen, es küssen sich Gerechtigkeit (*tsedeq*) und Friede (*shalom*)" (V 11), und der Schlussvers lautet: „Gerechtigkeit (*tsedeq*) geht vor seinem Angesicht her und bestimmt den Weg seiner Schritte" (V 14).

Was heute nur als metaphorisches Sprachbild von Gottes Gnade und Gerechtigkeit wahrgenommen wird, war ursprünglich die Übertragung göttlicher Wesen mit ihren je unterschiedlichen Funktionen auf JHWH, den Gott Israels, der in Jerusalem, der Stadt der Gerechtigkeit und des Friedens, seine irdische Wohnstätte genommen hatte. Spuren dieser Konzeption sind sogar noch bis in die Kriegsrolle von Qumran zu beobachten, wo *Tsedeq* als himmlisches Wesen auszumachen ist, das mit Michael gegen die Mächte des Bösen erfolgreich kämpft.[39] Dort heißt es: „Heute ist Seine Zeit, nieder zu zwingen und zu er-

---

[38] *Batto* (Fn. 36), p. 1755: „Aspects of the West Semitic god Zedek were absorbed into Yahwism … Rather than remaining as an independent deity, *Zedeq,* ‚Righteousness', was translated as a quality of Yahweh."

[39] So *Batto* (Fn. 36), p. 1757.

niedrigen den Fürsten der Herrschaft des Frevels [...] Da freut sich das Recht (*tsedeq*) in den Höhen und alle Söhne Seiner Wahrheit (*emet*) jauchzen in ewiger Erkenntnis."[40] Die Mitglieder der Gemeinde verstehen sich als „Söhne des Lichts" und „Söhne Zadoks", was sich nicht nur auf ein gegenüber der korrumpierten Priesterschaft in Jerusalem besseres Priestertum bezieht, sondern darüber hinaus auch mit der Hoffnung auf die endgültige Durchsetzung des Rechts zu tun hat, und zwar ohne Barmherzigkeit gegenüber den frevlerischen Sündern. Vor diesem Hintergrund gewinnt auch der Titel des geheimnisvollen „Lehrers der Gerechtigkeit" (*moreh ha-tsedeq*) in den Schriften von Qumran nochmals an Bedeutungsvielfalt.[41]

Im Alten Testament wird JHWH an einigen Stellen als „gerecht" (*tsaddiq*) bezeichnet und zwar meist als Herrscher, der als gerechter Richter agiert (Ps 7,12; 119,137; 129,4; Zef 3,5; vgl. Elihus Apologie Gottes in Ijob 34,17) und dessen Geschichtslenkung gerecht ist (Ex 9,27; Dtn 32,4; Jes 45,21; Jer 12,1; Klgl 1,18; Neh 9,33; 2 Chr 12,6). Dabei fällt auf, dass in diesen Aussagen über JHWH als *tsaddiq* die Eigenschaften der Barmherzigkeit und Gnade *nicht* mitgenannt sind. Das ist nur in Ps 116,5 der Fall, und zwar in klarem Rückgriff auf Ex 34,6: „Gnädig (*chanun*) ist JHWH und gerecht (*tsaddiq*), und unser Gott ist barmherzig (*merachem*)."[42] Gerechtigkeit meint hier nicht die richterliche Gerechtigkeit, sondern den rettenden Einsatz des Schutzgottes für den Beter angesichts seiner Feinde.[43]

---

40 1QM XVII, 5–8; Übersetzung von *J. Maier,* Die Qumran-Essener: Die Texte vom Toten Meer, Bd. 1, 1995, S. 152.

41 So *Batto* (Fn. 36), p. 1758.

42 *M. Franz,* Der barmherzige und gnädige Gott. Die Gnadenrede vom Sinai (Exodus 34,6–7) und ihre Parallelen im Alten Testament und seiner Umwelt (BWANT 160), 2003, S. 253: „Im Danklied wird die Gnadenformel umgeformt. Der Beter appelliert nicht nur an Gottes Barmherzigkeit, sondern auch an seine Gerechtigkeit."

43 In Ps 145,17 stehen *tsaddiq* („gerecht") und *chasid* („treu") als Gotteseigenschaften zusammen; in Ps 112,4 finden sich *channun* („gnädig"), *rachum* („barmherzig") und *tsaddiq* („gerecht") in einer gemeinsamen Aussage, aber es bleibt unklar, ob JHWH oder der Beter gemeint ist.

V. Ergebnissammlung aus alttestamentlicher Sicht

Die beiden Eigenschaften des „gnädigen" und „gerechten" Gottes stammen aus unterschiedlichen Kontexten, Erstere aus dem Bereich der väterlichen/mütterlichen Schutzgottheit; Letztere leitet sich aus der Zuständigkeit des Königsgottes ab, der die gerechte Weltordnung nicht zuletzt durch die Bestrafung und ggf. durch die Vernichtung der Frevler durchsetzt. Zusammen bestimmen Gnade und Recht in der Endgestalt des Alten Testaments das monotheistische Gottesverständnis von JHWH, ohne dass es zu einer spannungsfreien Integration gekommen wäre.[44]

Auch die nachexilische Gnaden- und Zornesformel in Ex 34,6f führt nicht zu einer völligen Disambiguierung des gnädigen und strafenden Gottes, sondern stellt eine „gezähmte Ambiguität" dar, die sich in Judentum, Christentum und im Islam äußerst erfolgreich durchgesetzt hat. Quer zur Begrifflichkeit von „Gnade", „Barmherzigkeit" und „Treue" steht in Ex 34,7 die Aussage, JHWH werde nicht „gänzlich frei machen", also nach negativer Prüfung die Schuldigen nicht ungestraft lassen![45] Dass Gottes potentielles Strafhandeln von vornherein in seiner Barmherzigkeit aufgehoben wäre, steht aber nicht dort. Eine derart radikale Disambiguierung würde auch die inhärente Komplexität eines monotheistischen Gottesbildes zunichte machen und damit das biblische Gottesbild selbst.[46] Die Ambiguität des gnädigen *und* richtenden Gottes ist biblischerseits – das

---

[44] Beide Eigenschaften bestimmen das Handeln JHWHs, besonders bei der Bestrafung durch die Sintflut und bei der Rettung des Gerechten aus ihr; dazu *N. Baumgart,* Die Umkehr des Schöpfergottes. Zu Komposition und religionsgeschichtlichem Hintergrund von Gen 5–9 (HBS 22), 1999.

[45] Vgl. *W. G. Plaut* (Hrsg.), Die Tora. In jüdischer Auslegung, Bd. II. Schemot. Exodus, 2000, S. 347: „‚Der aber nichts ohne Ahndung hingehen läßt'. Es gibt Grenzen seiner Barmherzigkeit."

[46] Siehe *Marcion* in der Mitte des 2. Jhd. n. Chr. und sein radikales, gnostisches Ausblenden aller negativer Züge im Gottesbild, was ihn zur völligen Abolition des Alten Testaments und zur Purgierung des Neuen Testaments führte.

NT einschließend – unaufhebbar. Das wiederum bedeutet keineswegs eine Parität zwischen Recht und Gnade, im Gegenteil, die Disparität und Asymmetrie beider Größen sind allgemeinbiblisch verbrieft.

Bernd Janowski hat eine Typologie erstellt, welche die alttestamentlichen Belege der göttlichen Gerechtigkeit und Barmherzigkeit im Verhältnis zueinander einzuordnen sucht. Seine Stufung führt von der „Rücknahme des Gerichts durch Barmherzigkeit (‚Umkehr Gottes')" bis hin zum „Zerbrechen der Gerechtigkeit/Barmherzigkeit Gottes (‚Theodizeefrage')".[47] In der „rettenden Gerechtigkeit" sieht *Janowski* die Integration von Gnade und Recht, die „Einheit beider Wirkweisen Gottes": „Diese Einheit impliziert aber nicht die Leugnung der Verschiedenheit von Gerechtigkeit und Barmherzigkeit, sondern meint ihre spannungsreiche Integration in die Erfahrung, daß Gott richtet *und* rettet oder genauer: daß er rettet, *indem* er richtet."[48] Wenn Gott den Wehrlosen vor der Gewalt der Unterdrücker rettet, indem er diese vernichtet, trifft das zweifelsfrei zu. Wenn aber die Frevler nicht zur Rechenschaft gezogen werden, wie steht es dann mit seiner rettenden Gerechtigkeit? Und wie sollte das unschuldige Leiden Ijobs eine Antwort finden können, die darin bestünde, dass Gott rettet, indem er richtet? Ijobs Klage steht wie ein Fels in der Brandung aller theologischen Rationalisierungsversuche: „Wenn die Geißel plötzlich tötet, spottet er über der Schuldlosen Angst. Die Erde ist in Frevlerhand gegeben, das Gesicht ihrer Richter deckt er zu. Ist er es nicht, wer ist es dann?" (Ijob 9,23–24). Noch radikaler als die Ijob-Dichtung (um 400 v. Chr.) sieht es Kohelet (um 300 v. Chr.), denn diesem jüdischen Weisheitslehrer in hellenistisch geprägter Umwelt ist Gott so unergründlich geworden, dass anstelle des Protests nur die Feststellung bleibt: „Beides sah

---

47 *B. Janowski*, Der barmherzige Richter. Zur Einheit von Gerechtigkeit und Barmherzigkeit im Gottesbild des Alten Orients und des Alten Testaments, in: Scoralick (Hrsg.), Das Drama der Barmherzigkeit Gottes. Studien zur biblischen Gottesrede und ihrer Wirkungsgeschichte in Judentum und Christentum, 2000, S. 36 f.

48 *Janowski* (Fn. 47), S. 78 (Hervorhebung im Original).

ich in meinen flüchtigen Tagen: Da ist ein Gerechter, der zugrunde geht in seiner Gerechtigkeit, und da ist ein Ungerechter, der lange lebt in seiner Bosheit" (Koh 7,15).

VI. Die unauflösbare Dialektik von Gnade und Recht

Entgegen allen Versuchen einer Disambiguierung sind Gnade und Recht in den biblischen Schriften und in der jüdischen Tradition nicht spannungsfrei im Gottesbild unterzubringen. So muss der Meinung von *M. Zehetbauer* zugestimmt werden, der in seiner Dissertation „Die Polarität von Gerechtigkeit und Barmherzigkeit" in Bezug auf das Alte Testament zu dem Schluss kommt, dass diese Ambiguität nicht zu einer Seite hin aufgelöst werden kann: „Auch auf metaphorischer Ebene bleibt die Ambivalenz erhalten, Gott ist gerecht und gnädig, liebevoll und eifersüchtig, vergebend und zornig etc. *Es ist wohl nicht falsch zu sagen, dass noch deutlicher als im tsedaqa-Begriff in der Dialektik von Vergeltung und Vergebung die Mitte der alttestamentlichen Theologie zu finden ist.*"[49]

Da die Behandlung dieser Dialektik aus neutestamentlicher Perspektive hier nicht geleistet werden kann, soll der obige Autor noch einmal zu Wort kommen, der klarstellt, dass eine christliche Vereinseitigung des nur gütigen Jesus von Nazareth geschichtlich und theologisch in die Irre geht: „Weder hat Jesus Barmherzigkeit und Vergebung zur theologischen Wesensbestimmung Gottes gemacht, was ihn in einen unüberwindbaren Widerspruch mit dem Gott des AT gebracht hätte, noch hat er sie ethisch absolut gesetzt. Das haben nicht einmal Paulus und die Synoptiker getan, von Johannes ganz zu schweigen."[50] Der latente Markionismus, der auch heute noch dem alttestament-

---

[49] *M. Zehetbauer,* Die Polarität von Gerechtigkeit und Barmherzigkeit. Ihre Wurzeln im Alten Testament, im Frühjudentum sowie in der Botschaft Jesu; Konsequenzen für die Ethik, 1999, S. 90 (Hervorhebung im Original).

[50] *Zehetbauer* (Fn. 49), S. 324; dazu auch S. 325: „Aber nicht nur ethisch, auch theologisch war für Jesus die Barmherzigkeit keineswegs absolut, er hat mit einem Straf- und Vergeltungsgericht gerechnet."

lichen Gott der Strafe den neutestamentlichen der Liebe und Gnade gegenüberstellt, kann sich *nicht* auf das Zeugnis Jesu und seiner Jünger berufen!

Es ist die rabbinische Tradition, die das spannungsvolle Verhältnis von „Recht“ und „Gnade“ im Gottesbild JHWHs aufrechterhält, ja über das Alte Testament hinaus radikalisiert. Nach jüdischer Sichtweise steht der Eigenname „JHWH“ für den Gott der gnädigen Zuwendung und „Elohim“ für den Gott des Rechts, was notwendigerweise Strafe und Bestrafung mit einschließt. So heißt es in Sifra, einem halakhischen Midrasch zum Buch Levitikus, zu Lev 18,2 („Ich bin JHWH, euer Elohim“): „Ich bin JHWH, denn ich sprach und die Welt wurde. Ich bin voll des Erbarmens. Ich bin der Richter und strafe und bin zuverlässig, den Lohn zu vergelten. Ich bin es, der von der Generation der Flut und den Menschen von Sodom und Ägypten an strafte, und ich werde euch in der Zukunft strafen, wenn ihr nach ihren Vorbildern handelt.“[51]

Der Dialektik der göttlichen Eigenschaften trugen die Rabbinen Rechnung, indem sie zwischen *middat ha-din,* dem Attribut der Gerechtigkeit, und *middat ha-rachamim,* dem Attribut der Barmherzigkeit, unterschieden.[52] Dabei ist es wichtig, festzuhalten, dass bei Ersterem nicht das Wort *tsedeq* steht, was die rettende Gerechtigkeit (iustitia salutifera) meinen würde, sondern *din,* d.h. die Vergeltungsgerechtigkeit, also die Applikation des ius strictum. Die im Alten Testament angelegte Polarität zwischen Gottes Treue (*chesed*) und seiner Gerechtigkeit (*tsedeq/tsedaqa*) wurde durch die Rabbinen bis zur Widersprüchlichkeit von Barmherzigkeit (*rachamim*) und Recht (*din*) ausgebaut: „Erst diese sprachliche Variation hat es ermöglicht, eine Span-

51 Zitiert aus *G. Bodendorfer,* Die Spannung von Gerechtigkeit und Barmherzigkeit in der rabbinischen Auslegung, in: Scoralick (Hrsg.), Das Drama der Barmherzigkeit Gottes. Studien zur biblischen Gottesrede und ihrer Wirkungsgeschichte in Judentum und Christentum, 2000, S. 161.

52 *Bodendorfer* (Fn. 51), S. 158: „Die Bedeutung des Themas Gerechtigkeit vs. Liebe und Barmherzigkeit ist das Grundproblem in der Diskussion um die sog. Attribute (middot) Gottes.“

nung zwischen fixiertem Recht und intendierter Gerechtigkeit bzw. Barmherzigkeit in den Blick zu bekommen."[53] Die jüdische Tradition hat aber nicht versucht, diese Ambiguität nach der einen oder der anderen Seite aufzulösen, sondern verankerte sie tief im Gottesbild selbst. Das geschah besonders durch die Lehre von den dreizehn *middot* (*sch'losch esre middot*), was meist mit den dreizehn „Attributen" Gottes übersetzt wird. Doch handelt es sich nicht um „Eigenschaften" in *sensu stricto,* sondern um die göttlichen Wirk- und Erscheinungsweisen, „ohne daß dabei schon auf das Wesen Gottes rückgeschlossen werden könnte."[54] Insgesamt ist die Lehre der *middot* die jüdischerseits prägendste Auslegung zur Selbstoffenbarung Gottes an Mose in Ex 34,6f, welche an der Spannung von Liebe und Gerechtigkeit in Gott konsequent festhält. Selbst Mose, der Gott bittet, seine Herrlichkeit sehen zu dürfen, erfährt nur seine Unergründlichkeit, als dieser antwortet: „Ich werde all mein Bestes an deinem Angesicht vorüberziehen lassen und den Namen JHWH vor dir ausrufen und mich gnädig zeigen, gegen wen ich mich gnädig zeigen werde, und barmherzig, gegen wen ich mich barmherzig zeigen werde" (Ex 33,19). Zu dieser Stelle führt der Rabbiner und Exeget *Benno Jakob* aus: „Hier ist der Sinn: *Wer es verdient,* wird Gunst und Erbarmen bei mir finden. Zu entscheiden, wer dies sein wird, behalte ich mir vor. Das Verhalten des Betreffenden und die Umstände werden bestimmend sein, nicht etwa eine grundlose Willkür von mir, mit der (vgl. Ber. 7a und Röm 9,14 ff.) jedes weitere Fragen und Dringen abgeschnitten werden soll."[55] Ob es tatsächlich das *Verdienst* ist, nach dem JHWH zwischen Recht und Gnade entscheidet, bleibt auch in der jüdischen Auslegung sehr umstritten. Denn wenn es das Verdienst wäre, wäre ja eine *ratio* gefunden, die Gott binden würde. Dem Talmud Traktat Berakhot 7a entsprechend bleibt Gott zwischen Recht und Gnade hin- und hergeworfen, und so betet er [zu sich selbst]: „Es möge

---

53 *Zehetbauer* (Fn. 49), S. 171.

54 *Zehetbauer* (Fn. 49), S. 168.

55 *Jacob,* Exodus, S. 960 (Hervorhebung im Original).

mein Wille sein, daß meine Barmherzigkeit meinen Zorn bezwingt, daß meine Barmherzigkeit sich über meine Attribute (der Gerechtigkeit) schiebt, daß ich mit meinen Kindern nach dem Attribut der Barmherzigkeit verfahre und daß ich ihretwegen das Recht nicht voll ausschöpfe."[56] In dieser absolut freien Entscheidung zur Gnade liegt die Größe Gottes – durch nichts und niemanden konditioniert, nicht einmal durch seine Barmherzigkeit. Dieses Entscheidungsterrain zwischen Recht und Gnade in Gott heißt biblischerseits „Reue", die nicht zu den Eigenschaften Gottes gehört, sondern zwischen den Polen von Recht und Gnade den Ausschlag gibt: „Die Reue steht den Eigenschaften Gottes *gegenüber* und hält diese für ihre jeweiligen Realisierungen *offen.* Als solche beschreibt sie Gottes *Bewegung* zwischen den beiden in sich spannungsvollen *und* unaufgebbaren Eigenschaftspolen der Gerechtigkeit und Liebe."[57]

Die Hoffnung, der gnädige Gott möge über den richtenden obsiegen, ist nicht nur für den Jurastudenten *Martin Luther* zur zentralen Frage geworden. Ob es aber eine Antizipation dieser theologischen Hoffnung als Begnadigung im Rechtssystem geben kann, bleibt den Juristen zu entscheiden!

---

56 Zitiert aus *Bodendorfer* (Fn. 51), S. 191.

57 *Döhling* (Fn. 8), S. 529.

Begnadigung aus rechtshistorischer Perspektive

Von *David von Mayenburg**

I. Einleitung

Wer als Rechtshistoriker eingeladen wird, ein Thema wie die „Begnadigung" aus seiner Perspektive zu beleuchten, sieht sich regelmäßig mit der Erwartung konfrontiert, seinen Gegenstand in Form einer Geschichte aufzubereiten[1], die *idealiter* in der Antike beginnt und logisch folgerichtig in die Gegenwart mündet. Da das gegenwärtige Recht stets als überlegen wahrgenommen wird, ist damit gleichzeitig die Erwartung verbunden, eine Entwicklung darzustellen, die aus düsterer, gnadenloser Vergangenheit in die lichtdurchfluteten Landschaften des geltenden Rechts führt.

Diesen Anspruch werden die folgenden Zeilen nicht einlösen können, und zwar aus mehreren Gründen: Zum ersten erlaubt ein Beitrag wie dieser keine flächendeckende Darstellung von 2000 Jahren Rechtsgeschichte der Begnadigung. Zum zweiten gelten in der Rechtsgeschichtsforschung wie auch in der Geschichtsschreibung allgemein aus guten Gründen teleologische Entwicklungsgeschichten methodologisch als fragwürdig. Vor allem kann es nicht der Zweck der Rechtsgeschichte sein, eine gegenwärtige Praxis mit dem Segen der Rechtsgeschichte auszu-

---

* Für anregende Kritik und ergänzende Hinweise bei der Entstehung dieses Beitrags danke ich *Prof. Dr. Mathias Schmoeckel*, Bonn und meinem Luzerner Assistenten, Herrn RA *René Libotte*, MLaw.

[1] Paradigmatisch für die Notwendigkeit narrativer Strukturen in der Geschichtsschreibung stehen die Arbeiten des amerikanischen Historikers Hayden White (* 1928); vgl. z.B. *H. V. White*, Die Bedeutung der Form. Erzählstrukturen in der Geschichtsschreibung, 1990.

statten[2]. Seriöse Studien greifen daher folgerichtig auch nur einzelne Epochen oder Regionen heraus und analysieren die Gnadenpraxis dann umfassend in diesem begrenzten Raum[3]. Und drittens schließlich scheint gerade das Thema Begnadigung wenig geeignet zu sein, um es als Erfolgsgeschichte zu erzählen. Das begründet sich zunächst aus dem amorphen Gegenstand selbst, der an der Peripherie des Rechts liegt und sich über weite Strecken mit Fragen der Politik und Theologie überschneidet, in denen der Rechtshistoriker nur unvollständig kompetent ist. Fasst man den Begriff weit und definiert Gnade als jede Wohltat, die zugunsten eines Rechtsunterworfenen innerhalb und au-

---

2 Vgl. etwa *H.-J. Goertz,* Umgang mit Geschichte. Eine Einführung in die Geschichtstheorie, 1995, S. 143; *P. Schöttler* (Hrsg.), Geschichtsschreibung als Legitimationswissenschaft 1918–1945, 2. Aufl. 1999. Eine prinzipiell herrschaftsstabilisierende Funktion der Rechtsgeschichtsschreibung ist allerdings nicht nur in der ersten Hälfte des 20. Jahrhunderts zu beobachten, sondern lässt sich auch bis in die Gegenwart hinein beobachten.

3 Vorbildlich etwa: *M. Vrolijk,* Recht door Gratie. Gratie bij doodslagen en andere delicten in Vlaanderen, Holland en Zeeland (1531–1567), 2004; vgl. aus einer reichhaltigen Literatur auch: *A. Bauer,* Das Gnadenbitten in der Strafrechtspflege des 15. und 16. Jahrhunderts. Dargestellt unter besonderer Berücksichtigung von Quellen der Vorarlberger Gerichtsbezirke Feldkirch und des Hinteren Bregenzerwaldes (Rechtshistorische Reihe, 143), 1996; *B. Rehse,* Die Supplikations- und Gnadenpraxis in Brandenburg-Preußen. Eine Untersuchung am Beispiel der Kurmark unter Friedrich Wilhelm II. (1786–1797), 2008; *H. Butz,* Bedeutung und Ausprägung von Gnadengewalt und Gnadensachen in der Entstehungsphase des modernen Verwaltungsrechts (Beiträge aus dem Kölner Institut für Kirchenrecht, 1), 1975; *C. Leßmann,* Die Arbeit der Gnadenausschüsse in der Frühzeit der Bundesrepublik Deutschland. Entwicklung von Kriterien zur Begnadigung von Kriegsverbrechern, 2003; *H. Lacey,* The royal pardon. Access to mercy in fourteenth century England, 2009; *P. Duparc,* Origines de la grâce dans le droit pénal romain et français du Bas-Empire à la Renaissance, 1942; *A. Logette,* Le prince contre les juges. Grâce ducale et justice criminelle en Lorraine au début du XVIIIe siècle, 1994; *M. Stronati,* Il governo della grazia. Giustizia sovrana e ordine giuridico nell'esperienza italiana, 1848–1913 (Pubblicazioni della Facoltà di giurisprudenza, ser. 2, 132), 2009; sowie die Beiträge in: *H. Millet* (Hrsg.), Suppliques et requêtes. Le gouvernement par la grâce en Occident (XIIe–XVe siècle) (Collection de l'Ecole française de Rome, 310), 2003 und *J. Hoareau-Dodinau* (Hrsg.), Le pardon (Cahiers de l'Institut d'anthropologie juridique, 3), 1999.

ßerhalb des Rechts gewährt wird[4], so handelt es sich außerdem um ein omnipräsentes Phänomen, das schon deshalb kaum in Form einer linearen Geschichtserzählung bewältigt werden kann. Überdies muss eine intensivere Beschäftigung mit dem Gegenstand auch die optimistischen Erwartungen des geltenden Rechts enttäuschen. Es zeigt sich nämlich, dass die Geschichte der Gnade und Begnadigung und das mit ihnen verbundene Vertrauen in die rechtsleitende oder -korrigierende Kraft höherer Mächte im modernen demokratischen Rechtsstaat mit seiner Betonung horizontaler und säkularer Strukturen und seiner Neigung zur umfassenden Konfliktbewältigung innerhalb des Justizsystems kaum ihren historischen Höhepunkt erreicht haben kann.

Die folgenden Überlegungen nehmen daher einen anderen Weg. Sie gehen von der Annahme einer historischen Allgegenwart von Gnadenakten aus und verzichten darauf, die Geschichte von Gnade und Begnadigung linear zu erzählen. Vielmehr wird der Gegenstand anhand von sechs Strukturmerkmalen analysiert, deren Präsenz (oder Abwesenheit) für bestimmte Epochen allerdings typischer ist als für andere. Der Zugriff wird damit zugegebenermaßen sehr subjektiv und das Narrativ notwendig bruchstückhaft. Dafür orientiert sich die Darstellung aber immerhin an Thesen und eröffnet damit die Gelegenheit zu einer kontroversen Diskussion.

Einschränkend ist darauf hinzuweisen, dass sich die folgenden Überlegungen auf einen engeren Bereich des weiten Felds der Gnade beschränken und nur die Begnadigung im Strafverfahren in den Blick nehmen. Selbstverständlich hat ein Begriff wie Gnade einen viel weiter reichenden Bedeutungsgehalt, der seinerseits rechtshistorisch von großem Interesse wäre. Zentrale Begriffe wie das „Gottesgnadentum“[5] oder „sich jemandem mit

---

[4] Ähnlich die Definition bei *A. Bauer*, Stichwort „Gnade“, in: Albrecht Cordes u.a. (Hrsg.), Handwörterbuch zur deutschen Rechtsgeschichte, Bd. 2, 2. Aufl. 2012, Sp. 424.

[5] Vgl. hierzu: *G. Althoff*, Art. „Gottesgnadentum“, in: Cordes u.a. (Hrsg.), Handwörterbuch zur deutschen Rechtsgeschichte, Bd. 2, 2. Aufl. (wie Anm. 4), Sp. 473–477.

Gnade und Ungnade ergeben“[6] können daher hier ebensowenig behandelt werden wie die vielschichtige Begriffsgeschichte unterschiedlicher Gnadenkonzepte[7]. Vielmehr beschränken sich die folgenden Ausführungen auf den Aspekt der Begnadigung im Sinne der Milderung oder des Erlasses einer gerichtsförmig gefundenen Strafe.

II. Fallbeispiele

Zunächst sind kurz vier historische Fälle vorzustellen, die als Grundlage und zur Illustration der folgenden Argumentation dienen sollen.

1. Der Fall Anna Maria Inderbitzi (1725)

Der erste Beispielsfall spielt im Jahr 1725 im Schweizer Kanton Schwyz[8]. Anna Maria Inderbitzi (Bitzener) aus Ibach an der Muota war 1712 zur Vollwaisen geworden. Aufgewachsen bei Verwandten und als Dienstmagd in einer bürgerlichen Familie, begann sie ein unstetes Leben und schlug sich in einer Bande „fahrender Leute“[9] mit kleineren Diebstählen und Betrügereien

---

[6] Vgl. Art. Gnade (V. 3), in: Königlich-Preußische Akademie der Wissenschaften (Hrsg.), Deutsches Rechtswörterbuch. Wörterbuch der älteren deutschen Rechtssprache, Bd. 4, 1951 [ND 1998], Sp. 969.

[7] Allein das Lateinische kennt in diesem Bedeutungsfeld eine Vielzahl von Begriffen wie: *gratia, misericordia, remissio, clementia* und *indulgentia.* All diese Begriffe sind juristisch ebenso heterogen wie die deutschen Bezeichnungen Gnade, Huld, Mitleid, Straferlass etc.

[8] Der Fall hat es in der Schweiz zu einiger Berühmtheit gebracht. Die ausführlichste, allerdings erzählerisch ausgeschmückte und ohne Quellenbelege ausgestattete Schilderung findet sich bei: *E. Osenbrüggen,* Neue culturhistorische Bilder aus der Schweiz, 1864, S. 44–52; näher an den Urkunden ist die Darstellung bei: *Ders.,* Studien zur deutschen und schweizerischen Rechtsgeschichte, 1868, S. 378–380; weitere Dokumente veröffentlicht: *M. Ochsner,* Gnade bei Recht, in: Mitteilungen des historischen Vereins des Kantons Schwyz 21 (1910), S. 181–187. Eine Erwähnung findet sich bereits bei: *G. Meyer von Knonau,* Der Kanton Schwyz, historisch, geographisch, statistisch geschildert etc. (= Historisch-geographisch-statistisches Gemälde der Schweiz, 5) 1835, S. 175 f. Literarisch verarbeitet wurde der Fall in dem Roman von *M. Schriber,* Das Lachen der Hexe, 2006.

[9] So *Osenbrüggen,* Neue culturhistorische Bilder (wie Anm. 8), S. 49.

durch. In Bern gab sie vor, Tochter eines wohlhabenden Barons zu sein, der sie mit Gewalt in ein Kloster habe zwingen wollen. Aus Mitleid erhielt sie ein nicht unerhebliches Darlehen in Höhe von 200 Gulden, das ihr im Vertrauen auf ihre adelige Abkunft gewährt wurde. Als die Wahrheit ans Licht kam, holte sie der Rat von Schwyz zurück und Anna Maria Inderbitzi musste in einer Urfehde versprechen, ihr Verhalten zu korrigieren und den Kanton nicht mehr zu verlassen. Doch mangels Perspektiven in ihrer Heimatgemeinde wurde sie rückfällig und zog weiter durch die Eidgenossenschaft und das angrenzende Süddeutschland. Als sie schließlich im Alter von 19 Jahren erneut verhaftet und nach Hause geschickt wurde, fand sie sich angesichts nicht unerheblicher Tatvorwürfe am 15.1.1725 vor dem als Gericht fungierenden „gesessenen" Landrat des Kantons Schwyz wieder. Nachdem das Verfahren gegen sie bereits begonnen hatte, erschien plötzlich der Gerbergeselle Magnus Weber aus Wangen im Allgäu[10] und gab vor, das Fräulein Inderbitzi zwar nicht zu kennen, sie aber aus christlicher Nächstenliebe heiraten zu wollen, um sie vor der Todesstrafe zu bewahren. Auch sein Großvater habe auf diese Weise erfolgreich eine Frau vor dem Tod bewahrt. Er bat gleichzeitig, auf drei Jahre in Schwyz geduldet zu werden und dort sein Handwerk ausüben zu dürfen.

Das Gericht fuhr zunächst mit der Beweisaufnahme fort und bewegte Inderbitzi durch Drohung mit dem Nachrichter zu einem Geständnis. Noch am gleichen Tag wurde der Antrag Magnus Webers auf Begnadigung vor dem nunmehr als Blutgericht zuständigen zweifachen Landtag von Schwyz diskutiert[11]. In dessen Urteil wurde dann folgendes erklärt: Es sollen beide Per-

---

10 *Osenbrüggen,* Neue culturhistorische Bilder (wie Anm. 8), S. 51 gibt „Mölig in Schwaben" als Heimat des Gerbergesellen an. *Ders.,* Studien (ebd.), S. 378 bezeichnet ihn, ausweislich der Prozessakten, als „Rothgerber […] von Molitz, aus Botmässigkeit der h. Römischen Reichsstadt Wangen". Ein Molitz findet sich als heutiger Stadtteil von Arendsee in der Altmark. Ob dies die Heimat des Gerbers ist, muss hier dahinstehen.

11 Zur Organisation der Gerichtsbarkeit im Kanton Schwyz vgl.: *H. Windlin,* Die institutionelle Entwicklung der Staatsformen des Kantons Schwyz im 19. Jahrhundert, 1965, S. 15, Anm. 28.

sonen in der kleinen Ratsstube auf der Stelle zusammengeführt werden, und wenn sie in das Eheversprechen einwilligten, solle der Anna Maria alle Strafe nachgelassen werden. In Gegenwart des Pfarrers und zweier Kapuziner fand die Verlobung und 14 Tage später die Hochzeit statt. Weiter halten die Akten fest, der Prozess sei eingestellt. Sollte aber Anna Maria Inderbitzi wider alles bessere Verhoffen rückfällig werden, solle man „Neues und Altes zusammen nehmen" und die „gebührende Execution" geschehen lassen[12].

2. Der Fall Johann Michael Friedrich Schütz (1799)

Auch der zweite Fall ereignete sich im 18. Jahrhundert, diesmal in Mecklenburg[13]. Johann Michael Friedrich Schütz stammte aus einfachen, aber relativ geordneten katholischen Verhältnissen in Schwedisch-Pommern. Nach dem Tod seines Vaters konvertierte er zur protestantischen Seite und verdingte sich als Pferdeknecht, was ihm immerhin ermöglichte, ein kleines Haus zu kaufen. Schütz heiratete und war zum Zeitpunkt seiner Anklage für sechs Kinder verantwortlich. Seit 1792 diente er freiwillig in der preußischen Armee. Hier geriet er in schlechte Gesellschaft und schloss sich einer Bande von Pferdedieben an. Nachdem er dreimal desertiert war um seinen Diebeszügen nachzugehen, tauchte er in Mecklenburg unter. Als er ergriffen wurde, musste er vor dem Richter im Amt Wredenhagen Urfehde schwören und wurde des Landes verwiesen. Kurz darauf kehrte er jedoch zurück und beging 16 Pferdediebstähle, bei denen er insgesamt 25 Pferde erbeutete. Nachdem er zweimal aufgegriffen wurde und dann, offenbar unter tätiger Mitwirkung der Ermittlungsbehörden, wieder fliehen konnte, wurde er schließlich im Dezember 1799 in Wredenhagen angeklagt, und zwar wegen des Bruchs der Urfehde, Passfälschung, diverser anderer Delikte, vor allem aber wegen Pferdediebstahls, auf den

---

12 *Osenbrüggen,* Studien (wie Anm. 8), S. 379.

13 Der Fall wird geschildert von: *B. R. W.,* in: Archiv für die Rechtsgelahrtheit in dem Großherzogthum Mecklenburg 2 (1804), Nr. XX, S. 126–186; 3 (1807), Nr. I, S. 3–31.

nach den Gesetzen Mecklenburg-Schwerins seinerzeit die Todesstrafe stand.

Sowohl sein gewissenhafter Verteidiger als auch der erkennende Richter, Landdrost Heinrich von Lehsten zu Cambs[14], gaben sich mit dem Fall erkennbare Mühe, ermittelten gründlich und nach allen Regeln der juristischen Kunst den Sachverhalt. Der Angeklagte zeigte sich dabei kooperativ und gestand seine Taten. Die sorgfältige Urteilsbegründung lässt die Absicht des Richters erkennen, von der Todesstrafe abzusehen. Eingehend prüfte er die Einhaltung aller prozessualen Vorschriften und sogar die Verfassungsmäßigkeit der strengen Strafvorschrift, die durch Herzoglichen Befehl und ohne Mitwirkung der Stände 1777 ergangen und 1788 erneuert worden war[15]. Nachdem das

---

14 Gemeint ist Heinrich Ludolf Friedrich von Lehsten (1760–1830). Er hatte in Jena Jurisprudenz und Kameralistik studiert und war dann in den mecklenburgischen Staatsdienst getreten. Landdrost im Amt Wredenhagen war er von 1799 bis 1805; vgl. *F. Brüssow,* Artikel „Heinrich Ludolf Friedrich von Lehsten“, in: Neuer Nekrolog der Deutschen 8 (1830), Zweiter Theil, 1832, Nr. 336, S. 812–816.

15 Grundlage der Strafbarkeitsprüfung waren: Verordnung des Herzogs von Mecklenburg-Schwerin an die drei Landgerichte vom 5. April 1777, daß wider alle Pferde=Diebe mit der Strafe des Stranges verfahren werden soll, abgedruckt in: [*W. Bischoff* (Hrsg.)], Neue vollständige Gesetz-Sammlung für die Mecklenburg=Schwerinschen Lande, vom Anbeginn der Thätigkeit der Gesetzgebung bis zum Anfange des 19ten Jahrhunderts, in fünf Bänden, Bd. 1, 1835, Nr. CLXXIII, S. 225: „Da Wir, bey den überhand nehmenden Pferde=Diebereyen, die bisher zum Theil nur mit Karren=Schieben bestrafet sind, der höchsten Entschliessung geworden, künftig wider alle Pferde=Diebe in Unsern Landen, die der That geständig und überwiesen sind, mit unabbittlicher Strafe des Stranges verfahren zu lassen; So befehlen Wir euch hiemit gnädigst: Euch in sententionando darnach zu achten.“ Erneuerte Constitution wegen Bestrafung der Pferde=Diebereyen vom 15. April 1788, abgedruckt ebd., Nr. CCLV, S. 276: „Welchergestalt Wir bey Annäherung der von den Pferde=Dieben zur Ausübung ihrer Diebereyen hauptsächlich benutzten Zeit, da die Pferde ohne genugsame Auffsicht auf die Weide geiaget werden; zur Steurung der noch iährlich verübt werdenden Pferde=Diebereyen, es für nöthig erachtet haben, die von Unsers in Gott ruhenden Oncle [...] erlassene – auch durch die Intelligenzblätter gemeinkündig gemachte Verordnung, wegen strengerer Bestrafung der Pferdediebe zu erneuern. Wir eröffnen demnach Unseren höheren und niedern Gerichten, Haupt- und

entsprechende Recht des Herzogs als dem Landesgrundgesetz von 1755 entsprechend dargelegt wurde[16], wandte sich das Gericht möglichen Strafmilderungsgründen zu, die sich in Mecklenburg nach Reichsrecht, also der *Constitutio Criminalis Carolina,* richteten[17]. Solche vermochte der Richter, der sich selbst wiederholt als „Menschenfreund“ bezeichnet[18], bei seiner sorgfältigen Prüfung nicht zu erkennen: Zum einen handele es sich um wiederholte Tatbegehung eines schweren Delikts, aus dem erheblicher Schaden entstanden sei[19]. Der Delinquent stammte

---

Amtleuten, – denen von der Ritterschaft, – den Obrigkeiten in den Städten, und überhaupt allen und ieden Landes-Eingesessenen Unsere feste Entschließung, daß hinführo alle und iede Pferdediebe, in Unseren Landen, die der That geständig und überwiesen sind, *unabbittlich mit dem Strange* bestraft werden sollen: Gebiethen und befehlen darauf allen höheren und niederen Gerichten Unserer Lande, daß sie in sententionando nach dieser Unserer Willens-Meinung sich aufs genaueste achten, auch bey etwanigen Actenverschickungen an eine auswärtige Facultät, iedesmahl eine Abschrift dieser Unserer Verordnung beylegen lassen sollen.“ [Hervorhebungen im Original]

16 Gemeint ist der Landes=Grund=Gesetzliche Erb=Vergleich vom 18. April 1755. In dessen Art. 8 werden die Voraussetzungen einer Mitwirkung der Stände bei der Gesetzgebung geregelt, vgl. [*W. Bischoff* (Hrsg.)], Neue vollständige Gesetz-Sammlung für die Mecklenburg=Schwerinschen Lande, vom Anbeginn der Thätigkeit der Gesetzgebung bis zum Anfange des 19ten Jahrhunderts, in fünf Bänden, Bd. 3, 1839, Nr. I, Art. 8, §§ 191–200, S. 22 f. Nach Auffassung des Wredenhagener Gerichts regeln die herzoglichen Verordnungen lediglich die Ausübung einer ohnehin gesetzlich geregelten Strafe und bedurften daher keiner Mitwirkung der Stände: Vgl. *B. R.W.* (wie Anm. 13), Bd. 2, Nr. XX, S. 171–173.

17 Des allerdurchleuchtigsten großmechtigsten vnüberwintlichsten, Keyser Karls des fünfften, vnd des heyligen Römischen Reichs peinlich gerichts ordnung, auff den Reichstägen zu Augspurgk vnd Regenspurk, inn jaren dreissig, vnn zwey vnd dreisssig gehalten, auffgericht vnd beschlossen, Mainz 1533, Art. 164, hier zit. nach der krit. Ausgabe: *J. Kohler/W. Scheel* (Hrsg.), Die Peinliche Gerichtsordnung Kaiser Karls V. Constitutio criminalis Carolina, 1900 (i. F.: CCC).

18 *B. R.W.* (wie Anm. 13), Bd. 2, Nr. XX, S. 179, S. 184.

19 *B. R.W.* (wie Anm. 13), Bd. 2, Nr. XX, S. 174–176; geprüft wird hier das Vorliegen der Milderungsgründe nach Art. 160 CCC (wie Anm. 17), S. 87.

aus geordneten Verhältnissen und handelte nicht aus Not, denn er hatte eine Anstellung. Die durch sein Desertieren erfolgende Notlage habe er sich selbst zuzuschreiben. Auch habe er „gesunden Menschen Verstand“ und eine hinreichende religiöse Erziehung genossen, so dass an der Strafwürdigkeit seines Verhaltens keine Zweifel bestehen dürften. Vielmehr zeige sein Lebenswandel eine offenbar unerschütterliche diebische Neigung. Ansätze zu einer ernsthaften Änderung seines gewohnheitsmäßigen Hangs zum Pferdediebstahl seien nicht erkennbar[20]. In einem solchen Falle, so hebt der Richter hervor, sei es „Pflicht des Staats, dieses ihm anvertraute Recht über Leben und Tod dann zu üben, wenn es darauf ankommt, Gesetze aufrecht zu erhalten, welche die Sicherung des Privateigenthums wider verwegene Diebe bezwecken“[21]. Die gestörte Sicherheit der Mecklenburger im Eigentum an ihren Pferden müsse Schütz daher mit seinem Leben büßen, zumal eine Besserungsprognose nicht bestünde[22].

Im weiteren Verlauf des Verfahrens bestätigten die Juristenfakultäten von Halle und in zweiter Instanz auch Göttingen das Todesurteil[23]. Dem Schütz zur wohlverdienten Strafe und anderen zu einem warnenden Beispiele sei der Angeklagte mit dem Strang zu bestrafen. Schließlich erreichte der Verteidiger durch erneute Rechtsmitteleinlegung eine weitere Aktenversendung, diesmal nach Jena[24]. Und dort fand man, nach erneuter außerordentlich gründlicher Prüfung der Sach- und Rechtslage, endlich einen Kniff, um der offensichtlich von keiner Seite gewünschten Rechtsfolge des Strangs zu entgehen: Man empfahl den Fall der Gnade des Landesherrn. Denn der Richter dürfe zwar nicht selbst gegen die Landesgesetze urteilen, müsse aber doch alle für

20 *B.R.W.* (wie Anm. 13), Bd. 2, Nr. XX, S. 176–184.

21 *B.R.W.* (wie Anm. 13), Bd. 2, Nr. XX, S. 184 unter Verweis auf: *G. L. Boehmer,* Commentatio ivridica de abigeatv et fvrto eqvorum, ex ivre Romano, Germanico et Brvnsvico-Lvnebvrgico explicata, o.J. [ca. 1745], § 89, S. 97 f. Der im Geiste der Aufklärung lehrende Jurist Boehmer (1715–1797) wirkte in Halle und Göttingen.

22 *B.R.W.* (wie Anm. 13), Bd. 2, Nr. XX, S. 185.

23 *B.R.W.* (wie Anm. 13), Bd. 2, Nr. XX, S. 186; Bd. 3, Nr. I, S. 6–10.

24 *B.R.W.* (wie Anm. 13), Bd. 3, Nr. I, S. 11–31.

den Angeklagten sprechenden Gründe berücksichtigen[25]. Und solche bestünden hier zumindest darin, dass die Todesstrafe wegen Pferdediebstahls in der Praxis noch nie vollstreckt worden sei. Die Gutachter aus Jena hielten diesen Umstand vor allem deshalb für relevant, weil er, in Verbindung mit der als „dunkel" beschriebenen Problematik der ordnungsgemäßen Publikation der relevanten landesherrlichen Verordnungen, einen starken Hinweis auf eine mögliche Unkenntnis des Angeklagten von der Strafdrohung gebe[26]. Im Übrigen befänden sich noch andere Pferdediebe in Haft, die sich besser zur Erstattung eines Exempels eigneten als Schütz[27]. Sollte also nach vorangegangener untertäniger Berichterstattung die höchste Landesherrschaft Gnade erweisen, so sei Schütz mit Festungsstrafe oder anderer lebenslanger Arbeit zu belegen[28].

Ob diese Hoffnung auf Gnade berechtigt war, ist nicht überliefert, muss aber bezweifelt werden. Bereits 1792 hatte Friedrich-Franz, Herzog von Mecklenburg-Schwerin, durch Verordnung erklärt, Pferdediebe unter keinen Umständen begnadigen zu wollen[29]. Dieser unmissverständlichen Anweisung leisteten

---

25 *B.R.W.* (wie Anm. 13), Bd. 3, Nr. I, S. 29.

26 *B.R.W.* (wie Anm. 13), Bd. 3, Nr. I, S. 30. Bereits 1788 hatte sich ein wegen Pferdediebstahls Angeklagter auf einen Rechtsirrtum berufen, was den Landesherrn zu einer klarstellenden Erläuterung und zur Neupublikation des Gesetzes bewog, vgl. [*W. Bischoff* (Hrsg.)], Gesetz-Sammlung 1 (wie Anm. 15), Nr. CCLIV, S. 275.

27 *B.R.W.* (wie Anm. 13), Bd. 3, Nr. I, S. 30 f.

28 *B.R.W.* (wie Anm. 13), Bd. 3, Nr. I, S. 11.

29 Geschärftere Verordnung den Pferdedieben keine Gnade wiederfahren zu lassen vom 11.5.1792, in: [*W. Bischoff* (Hrsg.)], Gesetz-Sammlung 1 (wie Anm. 15), Nr. CCLXXXV, S. 314: „Geben hiemit Jedermann zu vernehmen, daß Wir in Rücksicht auf die nicht unterbleibenden Pferdediebereien, des festen Entschlusses geworden sind, die geständigen und überwiesenen Pferdediebe nicht weiter zu begnadigen, sondern sie schlechthin mit dem Strange vom Leben zum Tode in Gemäßheit Unserer Patent=Verordnung vom 15. April 1788 bringen zu lassen. Hinrnach haben sich alle Unsere höheren und niederen Gerichte – Haupt= und Amtleute [...] gehorsamst zu achten, auch auf die genaue Befolgung obangezogener Patent=Verordnung vom 15ten April 1788 schuldigst zu halten [...]".

schließlich auch die Gerichte Folge. So wurden in Güstrow 1804 drei Pferdediebe durch den Strang hingerichtet[30].

3. Der Fall Hans von Hentig (1926)

Der dritte Beispielsfall stammt aus der Weimarer Zeit. Hans von Hentig, promovierter Kriminologe und Nationalbolschewist, hatte sich 1923 den Kommunisten angeschlossen und wollte sog. proletarische Hundertschaften zum Marsch auf Berlin anführen[31]. Nachdem dieses Vorhaben durch Verhängung des Notstands vereitelt worden war, setzte sich Hentig über Italien in die Sowjetunion ab. 1925 wurde gegen ihn ein Verfahren wegen Hochverrats eröffnet, das wegen Hentigs Flucht zunächst vorläufig eingestellt wurde[32]. Nachdem ihm im März 1926 gem. § 295 StPO freies Geleit zugesichert worden war[33], kehrte Hentig nach Deutschland zurück. Allerdings war inzwischen die sog. Hindenburg-Amnestie in Kraft getreten[34], wonach die Mitläufer der 1923 verübten politischen Straftaten von Strafverfolgung befreit sein sollten. Anhängige Verfahren sollten im Wege der Abolition ohne Hauptverhandlung durch einfachen Beschluss beendet werden[35]. Hentig jedoch wollte das Hauptverfahren, um durch öffentliche Erklärungen seinen guten Ruf wieder herzustellen. Über seinen Anwalt ließ er Oberreichsanwalt Ludwig Ebermayer bitten, von einer Begnadigung abzusehen. Amnestie,

---

30 *C. F. W. Bollbrügge,* Das Landvolk im Großherzogthum Mecklenburg=Schwerin. Eine statistisch=cameralistische Abhandlung etc., 1835, S. 130.

31 Zur Biographie Hentigs ausführlich: *D. von Mayenburg,* Kriminologie und Strafrecht zwischen Kaiserreich und Nationalsozialismus. Hans von Hentig (1887–1974) (= Rheinische Schriften zur Rechtsgeschichte 1), 2006, passim.

32 Beschluss des Staatsgerichtshofs zum Schutz der Republik vom 5.11. 1925, Bundesarchiv Berlin (i. F. BA), R 3003/13 J 534/24, Bd. 1, Bl. 176.

33 Beschluss des Staatsgerichtshofs zum Schutz der Republik vom 11.3.1926, BA, R 3003/13 J 534/24, Bd. 1, Bl. 189. Näher zur Amnestiepraxis der Zwischenkriegszeit: *J. Christoph,* Die politischen Reichsamnestien 1918–1933 (Rechtshistorische Reihe, 57), 1988.

34 Gesetz über Straffreiheit vom 17.8.1925, RGBl. I S. 313.

35 Gesetz über Straffreiheit vom 17.8.1925 (wie Anm. 34), § 3.

so erklärte Hentig, bedeute eine Bejahung der Schuld ohne die Möglichkeit einer Verteidigung des Beschuldigten. Es drohe die Zerstörung seiner wirtschaftlichen Existenz, denn ohne einen Freispruch sei seine Habilitation in Gefahr und es laste immer ein Schatten über seiner Biographie[36]. Sein Anwalt schrieb im Juli 1926, eine Amnestie würde Hentig „in seiner gesamten künftigen menschlichen, wirtschaftlichen, geistigen und politischen Entwicklung auf das schwerste hindern, ja wahrscheinlich völlig vernichten".[37] Doch obwohl sogar der Oberreichsanwalt diese Einschätzung teilte[38], wurde Hentig dennoch amnestiert: am 26. Juli 1926 stellte das Reichsgericht das Verfahren unter Bezugnahme auf die Hindenburg-Amnestie ein[39].

Tatsächlich wurde Hans von Hentig später mehrmals von seiner Vergangenheit eingeholt: 1934 verlor er seinen Bonner Lehrstuhl, nachdem Gerüchte über seine Beteiligung an den Ereignissen von 1923 die Runde gemacht hatten. Er floh ins amerikanische Exil, wo er aus demselben Grund vom amerikanischen Geheimdienst observiert wurde[40]. Als er nach dem Zweiten Weltkrieg auf einen Wiedergutmachungslehrstuhl nach Bonn zurückkehren wollte und in New York schon auf gepackten Koffern saß, stoppte die nordrhein-westfälische Verwaltung seine Einreise, weil sie zunächst Hentigs Verstrickungen in die Thüringer Vorgänge von 1923 einer erneuten Überprüfung unterziehen wollte[41].

---

36 Stellungnahme Hans von Hentig in Schriftsatz Rechtsanwalt Fuchs an Oberreichsanwalt Ebermayer, 6.7.1926, in: Nachlaß Hans von Hentig (i. F. NL Hentig), Institut für Zeitgeschichte, München, ED 356, Bd. 2.

37 Schriftsatz Rechtsanwalt Fuchs an Oberreichsanwalt Ebermayer, 6.7.1926, in: NL Hentig 2 (wie Anm. 36).

38 *L. Ebermayer,* Fünfzig Jahre Dienst am Recht, Erinnerungen eines Juristen. Leipzig/Zürich 1930, S.94.

39 Beschluss des 4. Strafsenats des Reichsgerichts vom 26.7.1926, 13 J 88/25, NL Hentig 2 (wie Anm. 36).

40 Vgl. Department of Justice, File No. 146-13-2-13-106, National Archives, Washington DC.

41 Näher zu dieser Episode: *D. von Mayenburg,* Der Fall v. Hentig ist recht unerfreulich. Hans von Hentig und die nationalsozialistische Hochschulpolitik, in: Schmoeckel (Hrsg.), Die Juristen der Universität Bonn im „Dritten Reich", 2004, S. 299 (344 f.).

4. Der Fall Franz Freiherr von Ruffin (1965)

Der letzte Beispielsfall beginnt kurz vor dem Ende des Zweiten Weltkriegs[42]: Im April 1945 befand sich eine deutsche Einheit im slowakischen Erzgebirge bei Alt-Sohl auf dem Rückzug. Nachts hörten die Soldaten ein Geräusch, deshalb befahl Stabsfeldwebel Hubert Klügel ohne weitere Rücksprache mit seinen Vorgesetzten seiner Einheit, sich etwa 250 Meter weit nach links abzusetzen. Am nächsten Morgen ließ der Regimentskommandeur Franz Freiherr von Ruffin Klügel zu sich kommen und teilte ihm mit: „Sie sind verhaftet. Sie werden sofort erschossen.“ Kurze Zeit später wurde Klügel ohne Gerichtsverhandlung durch ein improvisiertes Erschießungskommando getötet. Nach dem Krieg führte Ruffin zunächst unbehelligt sein 2.000 Morgen großes norddeutsches Rittergut, ehe ein Augenzeuge der Hinrichtung 1957 die Eltern des Ermordeten über die Vorfälle informierte. Diese erstatteten Strafanzeige, doch die Justiz gab sich zunächst keine besondere Mühe, den Fall zu betreiben. Im November 1959 stellte das Landgericht Lübeck das Verfahren unter Verweis auf eine 1954 ergangene Amnestie ein[43]. Nach einer erfolgreichen Beschwerde des als Nebenkläger auftretenden

42 Eine rechtshistorische Aufarbeitung des Falls Ruffin auf der Basis archivarischer Quellen steht noch aus. Trotz aller quellenkritischer Vorbehalte genügt für die hier vorgetragene Argumentation ein Rückgriff auf die Berichte zeitgenössischer Medien und die veröffentlichten Urteile der mit dem Fall befassten Gerichte, vgl.: *h.e.*, „Um die Front zu halten …“, in: Die ZEIT Nr. 36 (2.9.1960), S. 5; *o.V.*, Das deutsche Kreuz, in: Der Spiegel Nr. 37 (7.9.1960), S. 24–30; *h.e.*, Kein Freispruch im Ruffin-Prozeß, in: Die ZEIT Nr. 37 (9.9.1960), S. 5; *H. W.*, Kieler Gnade, in: Die ZEIT Nr. 11 (12.3.1965), S. 1 4; *o.V.*, Sonst ohne Tadel, in: Der Spiegel Nr. 12 (17.3.1965), S. 54; *G. Mauz*, Shylock in Schleswig-Holstein, in: Der Spiegel Nr. 23 (2.6.1965), S. 58–60; *ders.*, „Er hat an dieses Recht geglaubt“, in: Der Spiegel Nr. 10 (3.3.1969), S. 58; vgl. außerdem: BGH, Urteil vom 9. Juni 1961, 5 StR 49/61, JurionRS 1961, 14130; BGH, Urteil vom 25.2.1969 5 StR 614/68, JurionRS 1969, 12864.

43 Gesetz über den Erlaß von Strafen und Geldbußen und die Niederschlagung von Strafverfahren und Bußgeldverfahren vom 17. Juli 1954, BGBl. I 203, § 6. Die Vorschrift schließt eine Verfolgung von Taten während des Zusammenbruchs (vom 1.10.1944 bis Kriegsende) aus, sofern sie auf die außergewöhnlichen Verhältnisse der Zeit zurückzuführen waren

Bruders Dr. Ludwig Klügel zum OLG Schleswig wurde das Verfahren wieder aufgenommen[44], doch nicht nur der Angeklagte, sondern auch die Staatsanwaltschaft plädierten auf Freispruch mangels erwiesener Schuld. Zur Überraschung aller Beobachter verurteilte das Landgericht Lübeck den Freiherrn trotzdem am 31.8.1960 wegen Totschlags zu einer relativ milden Gefängnisstrafe von 18 Monaten[45]. Der Satz „Du darfst nicht töten" sei so elementar, so das Gericht, dass er „nicht angetastet werden darf, es sei denn durch Gesetz"[46]. Und eine solche rechtfertigende Norm konnte es nicht erkennen.

Nachdem der BGH die Revision Ruffins gegen das Urteil aus Lübeck zurückgewiesen hatte und auch ein Wiederaufnahmeantrag scheiterte, stand der Strafantritt bevor[47]. Allerdings erhielt inzwischen die Bitte Ruffins um Begnadigung erstaunlich umfangreiche Unterstützung einflussreicher Kreise, darunter nicht nur des Landesvorsitzenden des Kyfhäuserbundes, Friedrich Ferdinand Prinz zu Schleswig-Holstein-Sonderburg-Glücksburg (1913–1989), sondern auch des angesehenen protestantischen Moraltheologen, Professor Helmut Thielicke (1908–1986) aus Hamburg[48]. Der zuständige schleswig-holsteinische Justizminis-

---

und dem Täter ein Unterlassen der Tat unzumutbar war. Letzteres nahm die 3. Strafkammer ohne weitere Prüfung im vorliegenden Fall an: *o. V.*, in: Der Spiegel Nr. 37 (7.9.1960) (wie Anm. 42), S. 26.

[44] Ludwig Klügel war Journalist beim Südwestrundfunk und gewann den SPD-Bundestagsabgeordneten und Juristen Karl Wittrock (1917–2000) für seine Sache: *o. V.*, in: Der Spiegel Nr. 37 (7.9.1960) (wie Anm. 42), S. 27. Für den Angeklagten trat der Bremer Rechtsanwalt und CDU-Politiker Hans-Ludwig Kulenkampff (1911–1984) auf.

[45] Vgl. *h.e.*, ZEIT Nr. 37 (9.9.1960) (wie Anm. 42), S. 5.

[46] Wiedergabe des Urteils in: *h.e.*, ZEIT Nr. 37 (9.9.1960) (wie Anm. 42), S. 5.

[47] BGH, Urteil vom 9. Juni 1961, 5 StR 49/61, JurionRS 1961, 14130. Der Wiederaufnahmeantrag wurde am 1.4.1963 vom LG Lübeck und am 31.12.1963 vom OLG Schleswig abgewiesen: *o. V.*, Der Spiegel Nr. 12 (17.3.1965) (wie Anm. 42), S. 54.

[48] *o. V.*, Der Spiegel Nr. 12 (17.3.1965) (wie Anm. 42), S. 54. Allerdings verwahrte sich Thielicke später gegen diesen Bericht und erklärte, nur „Briefträger" des Gnadengesuchs Dritter gewesen zu sein: *G. Mauz*, in: Der Spiegel Nr. 23 (2.6.1965) (ebd.), S. 60.

ter Dr. Bernhard Leverenz (1909–1987, FDP) setzte die Vollstreckung des Haftbefehls bis zur Prüfung dieser Gnadengesuche aus und diese Prüfung dauerte noch an, als Leverenz seine Amtsgeschäfte wegen einer Erkrankung vorläufig nicht ausüben konnte. Sein Stellvertreter, Finanzminister Hans-Hellmuth Qualen (1907–1993, ebenfalls FDP) entschied dann im September 1964, dass die Haftstrafe anzutreten sei, denn ein solch umfassender Gnadenerweis sei in den letzten 12 Jahren nicht erteilt worden. Doch kaum war Leverenz wieder gesund, entschied er, den Freiherrn auf freien Fuß zu setzen. Am 1.3.1965 wurde er nach Abbüßung von fünf Monaten Haft unter Aussetzung der Reststrafe zur Bewährung, begnadigt, mit der Begründung die Tat sei in den Wirren der letzten Kriegsmonate begangen worden und Ruffin sei ein Mensch, der sonst ohne Tadel durch das Leben gegangen sei. Das Sühnebedürfnis sei daher erfüllt[49]. Warum dies bereits nach fünf Monaten der Fall sein sollte, wurde vom Justizministerium nicht mitgeteilt. Ein Sprecher teilte mit, „es sei nicht üblich, die Gründe für Gnadenerweise zu nennen; bei ihnen stehe das ‚Menschliche' im Vordergrund".[50]

Doch die Begnadigung war nicht das letzte Wort im Fall Ruffin: Nach einem erfolgreichen Wiederaufnahmeantrag des Freiherrn wurde das Verfahren im März 1968 erneut vor dem Landgericht Lübeck verhandelt, wo Ruffin einen Freispruch erhielt, der ihm einen unvermeidbaren Verbotsirrtum bescheinigte. Am 25.2.1969 verwarf schließlich der Bundesgerichtshof in letzter Instanz die Revision des Nebenklägers[51]. Rechtsfolgen hatte diese letzte Entscheidung nicht nur für den Angeklagten, dessen Pensionsansprüche dadurch gerettet wurden, sondern auch für die Witwe des erschossenen Soldaten, die ihre Versorgungsansprüche verlor[52].

49 *o.V.*, Der Spiegel Nr. 12 (17.3.1965) (wie Anm. 42), S. 54.

50 *H. W.*, Die ZEIT Nr. 11 (12.3.1965) (wie Anm. 42), S. 14.

51 BGH, Urteil vom 25.2.1969 5 StR 614/68, JurionRS 1969, 12864.

52 *o.V.*, in: Der Spiegel Nr. 37 (7.9.1960) (wie Anm. 42), S. 27 f.

III. Thesen

Die folgenden Überlegungen versuchen, diese disparaten und zugegebenermaßen willkürlich ausgewählten historischen Beispiele von gewährter oder verweigerter Gnade rechtshistorisch zu verorten. Dabei wird es darum gehen, gemeinsame oder auch trennende Elemente herauszuarbeiten, die dabei helfen können, das Verhältnis von Gnade und Recht aus rechtshistorischer Sicht zu bestimmen. Diese Analyse soll anhand von sechs Thesen vorgestellt werden, durch deren Zusammenschau Gnade als historisches Phänomen greifbar werden soll.

1. Gnade dispensiert

Die erste These nimmt die Wirkung der Gnade im Verhältnis zum Recht in den Blick: Wo Begnadigung erfolgreich geübt wird, wird das Recht entweder ganz oder teilweise verdrängt und wirkungslos. Im Moment der Gnade werden entgegenstehende juristische Argumente und Instrumente unbrauchbar. Nicht gerichtliche Erwägungen zu Umfang und Bedeutung der Straftat, sondern der Gesundheitszustand des Gnadenherrn war entscheidend für den Haftantritt des Freiherrn von Ruffin; das Auftreten des heiratswilligen *deus ex machina* rettet Anna Maria Inderbitzi vor der sicheren Hinrichtung. Die Abolition unterbindet Hentigs Verweis auf das Legalitätsprinzip.

Blickt man auf den verfahrensrechtlichen Aspekt der Gnadenausübung, so wird diese Verdrängung des Rechts durch Gnade allerdings durch unterschiedliche Instrumente erzielt. So wurde der Gnadenakt im römischen Recht, im Kirchenrecht des Mittelalters und auch noch in einigen Malefizordnungen der frühen Neuzeit als *innerrechtlicher* Vorgang beschrieben. Dabei wurden entweder die Ergebnisse eines Verfahrens durch ein weiteres verdrängt oder von vorneherein mehrere alternative Verfahrenswege eröffnet. Widerspruchsfrei war eine solche Gnadengewähr innerhalb des Rechts nur dann, wenn dadurch nicht vom Recht als Ganzem dispensiert wurde, sondern nur einzelne spezifische Rechtsfolgenanordnungen außer Kraft gesetzt wurden. Schon in den römischen Quellen taucht als Abgrenzungskriterium der *rigor iuris* auf, womit die strenge, unerbittliche und letztlich auch unflexible Natur des Rechts bezeichnet wurde[53]. Nur dieser Teil der Rechtsordnung wird durch den Gnadenakt beseitigt, der seinerseits durch einen anderen Aspekt des Rechts legitimiert wird, nämlich die *aequitas* oder Billigkeit, der dadurch Raum eröffnet wird.

Bis zum frühen Prinzipat und noch darüber hinaus betonen allerdings noch viele Rechtsquellen die Konsequenz und Unabänderlichkeit gerichtlicher Entscheidungen und schließen Gnade damit aus. Der *rigor iuris* genoss das Vertrauen der Juristen, das Recht galt als so effizient, dass man es „gnadenlos" anwenden konnte. Die republikanische Rechtsordnung sah allenfalls ein Begnadigungsrecht des Feldherrn im Krieg, nicht aber der Magistrate im Frieden vor[54]. Und noch der spätklassische Jurist Modestinus hielt fest, dass ein Urteil, das gegen den *rigor iuris* verstoße, nicht nur anfechtbar, sondern ohne weiteres rechtswidrig sei[55].

Doch diese strikt legalistische Position erodierte in der Folgezeit zunehmend und nicht zufällig wurde im stärker vertikal strukturierten römischen Kaiserreich die Begnadigung hoffähig. Diese wurde vor allem in politischen Strafverfahren zunächst durch den Senat, später vor allem durch den *princeps* ausgeübt[56], der dadurch bei feierlichen Anlässen seine Macht und Huld demonstrierte[57]. Doch ist die Begnadigung kein bloßer Willkürakt, sondern wird in den Schriften der Juristen als Möglichkeit

---

53 Vgl. *A. Berger,* Stichwort „rigor iuris", in: ders., Encyclopedic Dictionary of Roman Law (= Transactions of the American Philosophical Society, NS 43/2), 1953, ND 1991, S. 685.

54 *Th. Mommsen,* Römisches Strafrecht (Systematisches Handbuch der Deutschen Rechtswissenschaft, 1.4), 1899, S. 32 mit Fn. 1.

55 Mod. D.49.1.19: *Si expressim sententia contra iuris rigorem data fuerit, valere non debet: et ideo et sine appellatione causa denuo induci potest.*

56 *Mommsen,* Römisches Strafrecht (wie Anm. 54), S. 483 f.

57 *Mommsen,* Römisches Strafrecht (wie Anm. 54), S. 588.

einer Wiedereinsetzung in den vorigen Stand juristisch ausbuchstabiert und verfahrensrechtlich eingehegt[58].

Begleitet wird diese Entwicklung durch eine pejorativere Sicht des *rigor iuris*: Ulpian etwa betonte, dass das Recht an vielen Stellen den *rigor iuris* zugunsten der Freiheit zurücktreten lasse[59].

Noch prominenter wird die Begnadigung im mittelalterlichen Kirchenrecht. Als integraler Bestandteil des kirchlichen Bußverfahrens beeinflusste die auf Vergebung gerichtete kirchliche Praxis maßgeblich die europäische Strafrechtsgeschichte. Die Begnadigung demonstriert dabei einerseits die Bedeutung einer auf Barmherzigkeit (*misericordia*) gegründeten Rechtspflege[60] und betont damit eine Abgrenzung von der teilweise als unbillig empfundenen Strenge des römischen Rechts. Gleichzeitig ermöglicht sie aber auch, andererseits, die nötige Flexibilisierung bei der Formierung eines gesamteuropäischen kirchlichen Rechts. Wo die Bewohner von Uppsala und Palermo unter demselben Recht leben sollten, war Begnadigung ein Mittel zur Bewahrung des Rechtsfriedens.

Doch auch im kanonischen Recht ist die *dispensatio* kein außerrechtliches letztes Ventil der Gnade, sondern ein vollständig verrechtlichter Baustein der Rechtsfindung[61]. Im *Liber Extra,*

---

58 Vgl. die in Titel C.9.51 des Codex Iustinianus (*de sententia passis et restitutis*, „Von den Verurteilten und in den vorigen Stand Wiedereingesetzten“) zusammengefassten Kaisergesetze.

59 Vgl. Ulp. D.40.5.24.10: „... nec enim ignotum est, quod multa contra iuris rigorem pro libertate sint constituta.“; ähnlich: Iul. D.9.2.51.2 und Inst 2.7.4.

60 Hierzu ausführlich: *C.J. Hering*, Die Aequitas bei Gratian, in: Studia Gratiana 2 (1954), S. 95–113.

61 Zur *dispensatio* ausführlich: *M. Schmoeckel*, *Dispensatio* als Ausgleich zwischen *iustitia*, *misericordia* und *prudentia*. Aspekte einer Theologie der Gesetzesinterpretation, in: Condorelli/Roumy/Schmoeckel (Hrsg.), Der Einfluss des kanonischen Rechts auf die europäische Rechtskultur, Bd. 2. Öffentliches Recht (Norm und Struktur, 37/2), 2011, S. 155–184. Vgl. zusammenfassend: *A. Müller*, Art. Dispensationen, kirchliche, in: ders., Lexikon des Kirchenrechts und der römisch-katholischen Liturgie, Bd. 2, 2. Aufl. 1838, S. 200–209. Hier auch Näheres zu den Er-

der großen Dekretalensammlung des 13. Jahrhunderts, erscheint das Wort *dispensatio* mehr als 50x und ist dabei integrativer Bestandteil der diversen kirchlichen Verfahrensarten[62]. Bis heute ist das Gnadenrecht im *Codex Iuris Canonici* ausführlicher und detailreicher geregelt als in den meisten weltlichen Strafgesetzbüchern[63]. Es ist Dispensation von den Rechtsfolgen im Rahmen des Rechts.

Auch in der mittelalterlichen und der frühneuzeitlichen Strafpraxis gehörten Recht und Gnade zunächst noch verfahrensrechtlich zusammen, doch war ihr Verhältnis hier bereits ambivalent. Beide Bereiche konnten getrennt gedacht werden, aber auch zusammenfließen und sich gegenseitig verstärken: So verwendet einerseits der Sachsenspiegel die Paarformel „Gnade und Recht" um alternative Quellen eines Anspruchs zu benennen[64]. Auch im Kirchenrecht blieb die Dispensation noch bis in

---

fordernissen und Unterteilungen der Dispensation. Unter *dispensatio* versteht die Kirche allgemein die Lossprechung von der Bindung des Gesetzes durch eine rechtmäßige Obrigkeit: Ebd., S. 200.

62 Verwendet wurde die Ausgabe: *E. Friedberg* (Hrsg.), Corpus Iuris Canonici. Editio Lipsiensis Secunda post Aemilii Ludouici Richteri curas ad librorum manu scriptorum et editionis Romanae fidem recognouit et adnotatione critica, Pars Secunda. Decretalium Collectiones, 1879, ND 1959.

63 Vgl. Codex Iuris Canonici vom 25.1.1983, lib. 6, p. 1, tit. 6 mit ausführlichen Vorschriften zum Straferlass, zit. n. der Internetausgabe [http://www.codex-iuris-canonici.de/indexdt.htm], besucht am 10.6. 2013.

64 Sachsenspiegel, Lehnrecht, Art. 26 § 8: „Die wile dat kint van gnaden oder van rechte dat angevelle nicht ne hevet …": „Solange das Kind nicht aus Gnade oder von Rechts wegen den Nutzungsanfall hat": *K. A. Eckhardt* (Hrsg.), Sachsenspiegel. Lehnrecht (MGH Fontes Iuris, N. S., 1/2), 2. Aufl. 1956, S. 50, Übersetzung nach: *C. Schott,* Eike von Repgow. Der Sachsenspiegel, 3. Aufl. 1996, S. 277. Zur Bedeutung von Paarformeln für das mittelalterliche Rechtsverständnis vgl. *G. Dilcher,* Paarformeln in der Rechtssprache des frühen Mittelalters, 1961. Zur verwandten Paarformel „Minne und Recht" vgl. außerdem: *K. G. Homeyer,* Über die Formel „der Minne und des Rechts eines Andern mächtig sein" (Abhandlungen der königlichen Akademie der Wissenschaften zu Berlin), 1866, S. 29–55; *H. Hattenhauer,* „Minne und recht" als Ordnungsprinzipien des mittelalterlichen Rechts, in: ZRG GA 80 (1963), S. 325–344.

die Gegenwart hinein ein einheitliches Institut, das aus zwei Quellen, nämlich *gratia* und *iustitia,* also Gnade und Gerechtigkeit, gespeist werden kann[65]. Dagegen heißt es in der 1260 entstandenen Sächsischen Weltchronik über Heinrich IV.: „Der Kaiser war ein guter Richter: Er machte Frieden und Gnade in den Landen“[66]. Das Gewähren von Gnade war hier kein Gegenstück, sondern notwendiger Bestandteil einer erfolgreichen, weil befriedenden kaiserlichen Rechtsfindung. Auch dem deutschen Mittelalter blieb der *rigor iuris* als Argument für den Einbruch der Gnade in die Welt des Rechts bewusst: In einer Urkunde für die Reichsstadt Ulm betont König Sigismund 1429, dass dort zwar die kaiserlichen Strafgesetze streng anzuwenden seien. Jedoch seien diese nach dem Beispiel Gottes „mit gnad und barmhertzikait zu linndern und zu senftigen“. Sigismund erlaubte daher den städtischen Richtern, „die gestrengkait des gerichtz in gnad [zu] keren und mit recht und gnaden“ zu richten[67].

Die Quelle verdeutlicht, dass im Mittelalter Recht und Gnade Teile eines einheitlichen Rechtsfindungsprozesses waren, dessen Durchführung regelmäßig denselben Autoritäten zugewiesen war, die auch die Gerichtshoheit ausübten: „wer die tat richten sal, der hat gewalt gnade zu tun“ heißt es im Kleinen Kaiser-

---

65 Vgl. *L. Ferraris,* Stichwort „Dispensatio“, in: ders., Prompta Bibliotheca Canonica, Juridica, Moralis, Theologica etc., 3. Bd., 2. Aufl. 1785, S. 68, n. 6. Hier wird eine *dispensatio juridica,* die aus dem Recht fließt, von einer *dispensatio gratiae* unterschieden, die aus der Willkür des Gnadenherrn entspringt. Dazwischen steht die *dispensatio mixta,* die sich aus beiden Quellen speist.

66 „Der keiser wart ein guot rihtære: er machete vride unde genade in den landen“, zit. n. der Ausgabe: *[F. H.] Maßmann* (Hrsg.), Der künige buoch. Niuwer Ê, in: von Daniels (Hrsg.), Land- und Lehenrechtbuch. Saechsisches Land- und Lehenrecht. Schwabenspiegel und Sachsenspiegel (Rechtsdenkmäler des deutschen Mittelalters, 3) Bd.1, 1860, Sp. 218, Z. 32 f.

67 Kaiser Sigismund, Urkunde für die Stadt Ulm, 20.4.1429, zit. n.: *Württembergische Kommission für Landesgeschichte* (Hrsg.), Das Rote Buch der Stadt Ulm (Württembergische Geschichtsquellen, 8), 1905, Art. 180, S. 96 = RI XI,2 n. 7230, in: Regesta Imperii Online [http://www.regesta-imperii.de/id/1429-04-20_4_0_11_2_0_1275_7230], besucht am 11.06.2013.

recht, einem nach 1330 entstandenen Rechtsbuch[68]. Allerdings konnten die beiden Bereiche prozessual durchaus geschieden werden. In Luzern etwa ermittelte beim Verdacht einer Straftat ein Ermittlungsrichter den Sachverhalt. Wenn der „Kleine Rat“ zu dem Ergebnis kam, dass eine Malefizsache vorlag, legte er den Fall dem Großen Rat vor. Dieser musste dann in einem ersten Beschluss entscheiden, ob er das Verfahren nach dem Rechte oder nach der Gnade fortsetzte. Im ersteren Fall war er streng an die Vorschriften des lokalen und gemeinen Rechts gebunden, im zweiteren war er frei, nach eigener Willkür Sanktionen auszusprechen oder solche auch entfallen zu lassen[69]. Nicht ein Dritter als Gnadenherr, sondern das Gericht selbst konnte begnadigen. Der erste Beispielsfall aus dem Nachbarkanton Schwyz zeigt ein nicht seltenes Beispiel für dieses Verfahren: Die Inderbitzi wird zunächst einem regulären Malefizverfahren unterworfen. Dann aber führt die Intervention des Wangener Gesellen zu einer Entscheidung des Gerichts nach der Gnade. Begründet durch eine allerdings sehr weite Auslegung des sog. *favor matrimonii*[70], eine Zweifelsregel zugunsten der Ehe, sieht das Gericht davon ab, den bereits ausermittelten Fall mit der nach dem Recht zwingenden Todesstrafe zu beenden. Eine Technik fallgruppenspezifischer Gnadengewähr innerhalb einer rechtsförmlichen Struktur liegt auch den vielen kirchenrechtlichen Vorschriften zur *dispensatio* zugrunde[71]. Reine Willkür war die Entscheidung im Fall Inderbitzi also nicht: Sie befand sich in Einklang mit einer in Europa noch zu Zeiten Carpzovs verbreiteten und auch in der Wissenschaft durchaus anerkannten Pra-

---

68 Kleines Kaiserrecht, lib. 2, c. 119, hier zit. nach der Ausgabe: *H. E. Endemann* (Hrsg.), Das Keyserrecht nach der Handschrift von 1372 in Vergleichung mit anderen Handschriften und mit erläuternden Anmerkungen, 1846, S. 180.

69 Das Verfahren ist anschaulich dargestellt bei: *A. Ph. von Segesser*, Rechtsgeschichte der Stadt und Republik Lucern, Bd. 4, 1858, S. 189–191.

70 Vgl. hierzu auch: *U. Falk*, Consilia. Studien zur Praxis der Rechtsgutachten in der frühen Neuzeit (Rechtsprechung, 22), 2006, S. 338–349.

71 Vgl. z.B. X 5.27.5 (Innozenz III. an das Würzburger Domkapitel, a. 1200): Wenn jemand die Messe feiert, ohne von seiner Exkommunikation sicher zu wissen, kann er dispensiert werden.

xis, die der Ehe gegenüber dem Strafverfolgungsinteresse den Vorrang einräumte[72].

Noch bei Carpzov findet sich also die Vorstellung einer Einheit von Recht und Gnade, die als alternative Varianten einer immer noch einheitlichen Vorstellung von Gerechtigkeit betrachtet werden, die institutionell beim Richter verankert ist. Die Erträge solcher Gnadenentscheidungen entsprachen regelmäßig tradierten Fallgruppen und waren damit nicht nur berechenbar, sondern auch einer rechtswissenschaftlichen Analyse und Interpretation zugänglich.

Diese formale wie materielle Einheit von Gnade und Recht wurde dann im Zuge der Herrschaftsintensivierung und Staatenbildung der Neuzeit zugunsten einer kategorialen Scheidung der beiden Bereiche aufgelöst[73]. Entscheidend waren dabei vor allem drei Faktoren:

a) Wichtig ist zunächst die Ausdifferenzierung einer von Politik und Gesetzgebung unabhängigen Justiz, die mit dem Postulat der *Gewaltenteilung* ihren Höhepunkt erreichte. Während in

---

72 Zu dieser Rechtspraxis vgl. *E. Osenbrüggen*, Das alamannische Strafrecht im deutschen Mittelalter, 1860, S. 191 f.; *ders.*, Deutsche Rechtsalterthümer aus der Schweiz, Heft 1, 1858, Nr. 6, S. 37 (44 f.); *G. L. von Maurer*, Geschichte des altgermanischen und namentlich altbairischen öffentlich-muendlichen Gerichtsverfahrens, dessen Vortheile, Nachtheile und Untergang in Deutschland überhaupt und in Baiern insbesondere, 1824, § 203, S. 302; *J. F. Malblank*, Geschichte der peinlichen Gerichtsordnung Kaiser Karls V von ihrer Entstehung und ihren weitern Schicksalen bis auf unsere Zeit, 1783, S. 30 mit einem Beispiel aus Rothenburg, wo 1515 der Nachrichter (!) eine Kindsmörderin wegen Heirat vor der Vollstreckung der Todesstrafe bewahrte. Zur gemeinrechtlichen Diskussion über dieses Thema vgl. *B. Carpzov*, Practica Nova imperialis Saxonica rerum criminalium, p. 3, 1670, q. 149, n. 49–62, S. 394–396 mit zahlreichen Beispielen aus Rechtslehre und -praxis. Hierzu: *L. von Bar*, Geschichte des Deutschen Strafrechts und der Strafrechtstheorien (Handbuch des Deutschen Strafrechts, 1), 1882, S. 142 f., Fn. 581.

73 Vgl. zu diesem Prozess der Ausdifferenzierung auch: *F.-J. Arlinghaus*, Gnade und Verfahren. Kommunikationsmodi in spätmittelalterlichen Stadtgerichten, in: Schlögl (Hrsg.), Interaktion und Herrschaft. Die Politik der frühneuzeitlichen Stadt (Historische Kulturwissenschaft, 5), 2004, S. 137–162.

diesem Vorgang Teile des alten Gnadenwesens vom Justizbereich absorbiert wurden, so etwa das Appellations- und Wiederaufnahmerecht, wurde das Recht der Begnadigung den Gerichten entzogen und allein dem Fürsten als Privileg, als *ius aggratiandi*[74] zugewiesen, eine Befugnis, die ausdrücklich nicht seiner Jurisdiktionsgewalt, sondern seiner Gesetzgebungskompetenz zugeordnet wurde[75].

b) Bei der Ausformulierung dieses Alleinbegnadigungsanspruchs half, dass sich die Fürsten schon zuvor als Quelle eines Begnadigungsrechts sahen, das nach der älteren Staatstheorie – wie im Übrigen die Gerichtsbefugnisse allgemein – den Gerichten nur in abgeleiteter Form zustand. Diesen Anspruch des Fürsten, nach dessen Logik nicht nur das Richten nach dem Recht, sondern auch die Begnadigung von den Gerichten nur aufgrund besonderer Privilegierung wahrgenommen werden konnte, zeigt etwa die oben erwähnte Urkunde Sigismunds für Ulm[76]. Dieses Recht nahmen nun die Fürsten vermehrt selbst für sich in Anspruch. Unterstützt wurden sie von einer absolutistischen Rechtswissenschaft, die im Gefolge der Lehre Jean Bodins das Gnadenrecht als selbstverständlichen Ausdruck fürstlicher *Souveränität* ansah[77]. Dies wird auch bei Benedict

---

[74] Vgl. *G. L. Catalano,* Aureus tractatus criminalis amnestiae praesertim, abolitionis, et indultus materiam, etc., 1604; *C. Ziegler,* De Juribus Majestatis Tractatus Academicus in quo pleraque omnia, quae de potestate et juribus principis disputari solent, strictim exponuntur, 1710, lib. 1, c. 8, S. 198–209; *H. Zipfel,* Aggratiandi Jus. Gnade vor Recht, in: ders., Tractatus Variorum Et Diversorum Casuum, 1717.

[75] *Ziegler,* De Juribus (wie Anm. 74), lib. 1, c. 8, n. 8, S. 202.

[76] Vgl. oben, Anm. 67.

[77] *J. Bodin,* Les six livres de la Republique, 1576, lib. 1, c. 11, S. 206: „... qui est-ce neantmoins que la requeste s'adresse au Prince souverain, qui la reçoit, ou la casser, ce qui a esté fait, ou la révoyer à d'autres juges. qui est la vrai marque de souveraineté, & dernier ressort. & n'est pas en la puissance des Magistrats de changer, ny corriger leurs iugements, si le Prince souverain ne leur permet, sur peine de faux ...“ Vgl. auch: *H. de Schepper,* Privileg und Gratia in den Burgundisch-Habsburgischen Niederlanden, 1400–1621. Eine historisch-theoretische Betrachtung, in: Dölemeyer/Mohnhaupt (Hrsg.), Das Privileg im europäischen Vergleich, Bd. 2 (Studien zur europäischen Rechtsgeschichte, 125), 1999, S. 225–252.

Carpzov deutlich, der den Gerichten untersagt, milder zu sein als das Gesetz: „... *judex ... lege clementior esse non debet*“[78], während das Gnadenrecht der Fürsten und Magistrate ausdrücklich als Privileg „*ex potestate absoluta*“ vorbehalten bleibt[79].

c) Hinzu kommt eine im Naturrecht wurzelnde paternalistische Strömung, die das Gnadenrecht als Teil einer allgemeinen landesherrlichen Fürsorgepflicht für seine Untertanen versteht[80].

Im Ergebnis wurde seit dem 17. Jahrhundert einerseits das Strafverfahren immer stärker formalisiert, systematisiert und verrechtlicht, während andererseits die Begnadigung ihrer verfahrensrechtlichen Einordnung entkleidet und quasi bis zur Unkenntlichkeit entrechtlicht wird. Schließlich wird die Steuerung und Interpretation herrscherlicher Gnadenakte auch von der Rechtswissenschaft nicht mehr als Teil ihres Aufgabengebiets wahrgenommen[81].

Damit werden aber die Gerichte auch dort wieder an den *rigor iuris* gebunden, wo dieser einer ganz offensichtlich gnadenlosen Gesetzgebung entspringt. Für die daraus entstehenden Dilemmata steht der zweite Beispielsfall: Während sich die Instanzen vergeblich bemühen, ein aus ihrer Sicht gerechtes Ergebnis im Wege des Rechts zu finden und dem Verhängnis einer völlig überzogenen Gesetzgebung zu entgehen, bleibt die endgültige

---

78 *Carpzov,* Practica Nova, p.3 (wie Anm. 72), q. 142 n. 11, S. 349. Er beruft sich auf Nov. 82.10, wo es heißt: „... *non habere licentiam iudicem minus quam iuratum est condemnare, neque videri clementiorem [a] lege quae haec disponet*“.

79 *Carpzov,* Practica Nova, p. 3 (wie Anm. 72), q. 150, S. 396.

80 *Butz,* Gnadengewalt (wie Anm. 3), S .57.

81 *Butz,* Gnadengewalt (wie Anm. 3), S. 57 unter Verweis auf *K. F. Häberlin,* Handbuch des Teutschen Staatsrechts etc., 2. Bd., 2. Aufl. 1794, § 228, S. 178 f.: Der Regent ist völlig frei, Dispens zu erteilen, auf eine wissenschaftliche Erfassung der verschiedenen Gattungen dieser Privilegien wird explizit verzichtet. Allerdings wird die Gnadengewalt an anderer Stelle auf die Milderung von Strafen beschränkt; eine Schärfung ist auch dem Fürsten verboten: Ebd., § 327, S. 549.

Entscheidung über das Schicksal des Pferdediebs der rechtsfreien Willkür des Fürsten überlassen. Der Kniff der Jenaer Juristenfakultät, den Pferdedieb zu einer Arbeitsstrafe zu begnadigen und damit den Bereich der Gnade quasi als Teil des Rechtsfindungsprozesses zurückzugewinnen, konnte vom Herzog nur als Zumutung, als Eingriff der Rechtsprechung in seine absolute Entscheidungsgewalt gedeutet werden und noch schärfere Anweisungen an die Gerichte zur unnachgiebigen Verfolgung provozieren. Deutlicher noch wird dies in einem ähnlichen Fall, einer Berufungsentscheidung des rheinischen Appellationsgerichtshofs aus dem Jahr 1820: Der erstinstanzliche Assisenhof Köln hatte einen Straßenräuber schuldig gesprochen, allerdings die Empfehlung hinzugefügt, der preußische König möge eine Begnadigung in Erwägung ziehen. Diese Entscheidung wird vom Appellationsgericht mit scharfen Worten gerügt,

> „... in Erwägung, daß das Begnadigungsrecht dem Oberhaupte des Staates ausschließend zusteht und von ihm unmittelbar ausgeübt wird: daß die Gerichte die Grenzen der ihnen einvertrauten Macht überschreiten, wenn sie demselben auf irgendeine Weise vorgreifen; daß dies offenbar dadurch geschieht, wenn sie den Verurtheilten in einer öffentlichen und feierlichen Sitzung der Königlichen Gnade für würdig erklären und auf diese Art die Initiative einer Entscheidung ausüben, die nur von der höchsten Gewalt ausgehen kann." [82]

Die Membran zwischen Recht und Gnade ist semipermeabel: Ein berichtigendes Wort des Gnadenherrn und ganze Prozesse werden zur Makulatur. Der umgekehrte Weg, eine Verrechtlichung der Gnade, wird dagegen schon im Ansatz abgeschnit-

---

[82] Rheinischer Appellationsgerichtshof, 18.5.1820, zit. n. Archiv für das Zivil- und Kriminalrecht der Königlich-Preussischen Rheinprovinzen 2, Abt. 2 (1821), S. 117–119, Zitat auf S. 118. Allerdings sah der König selbst die Sache offenbar anders: Auf eine Anfrage des Appellationsgerichtshofs zwei Jahre später antwortete Justizminister von Kircheisen am 24.3.1823, es stünde den Assisenhöfen frei, an den König den Wunsch einer Begnadigung heranzutragen, womit den Wünschen der Geschworenen ein „unschädlicher Weg" eröffnet werde: Archiv für das Zivil- und Kriminalrecht der Königlich-Preussischen Rheinprovinzen 4, Abt. 2 (1823), S. 123.

ten[83]. Das historisch zunächst ambivalente Verhältnis von Recht und Gnade wird damit spätestens an der Wende zum 19. Jahrhundert eindeutig geklärt: Gnade geht vor Recht, sie dispensiert.

2. Gnade demonstriert

Fragt man nach den historischen Gründen, warum bis heute ein enorm ressourcenintensiver Prozess der prozeduralisierten Rechtsfindung nicht genügen soll, um unseren Bedarf an Gerechtigkeit zu befriedigen, so wird man die Antwort zweifellos im politischen Bereich suchen müssen. Bedenkt man die nordischen Wurzeln des Worts „Gnade", das ursprünglich etwa „sich neigen", „den Kopf senken", „sich herablassen" bedeutet[84], so wird die Funktion der Begnadigung unmittelbar deutlich: Gnade ist ein Instrument, um vertikale Aspekte der Herrschaft zu demonstrieren, sie dient der Symbolisierung und Stabilisierung gesellschaftlicher Hierarchie.

Es liegt nahe, dass die Instrumentalisierung der Gnade als Herrschaftsinstrument für alle Herrscher reizvoll gewesen sein muss[85]. Dennoch fällt bei näherer Betrachtung auf, dass Gnade besonders immer dort wichtig wurde, wo sich Herrschaft betont

---

[83] Ebensowenig wie die Gerichte haben die Parlamente eine Handhabe gegen Gnadenentscheidungen. Als Bundespräsident Köhler 2007 ein Gnadengesuch des Terroristen Christian Klar ablehnte, sprach die SPD von einer „souveränen Entscheidung" und wies angebliche Versuche der CSU zurück, die Entscheidung des Bundespräsidenten unter Verweis auf ihre Unterstützung für eine mögliche Wiederwahl zu beeinflussen: Vgl. *o. V.*, Christian Klar wird nicht begnadigt, in: FAZ vom 5.7.2007, zit. nach [http://www.faz.net/aktuell/politik/inland/koehler-entscheidet-christian-klar-wird-nicht-begnadigt-1433828.html#Drucken], besucht am 11.6. 2013.

[84] Vgl. *Rehse*, Supplikations- und Gnadenpraxis (wie Anm. 3), S. 73. Zur Etymologie vgl. Stichwort „Gnade", in: Deutsches Wörterbuch von Jacob und Wilhelm Grimm. 16 Bde., Leipzig 1854–1961, Bd. 8, Sp. 505, zit. nach der Online-Version [http://woerterbuchnetz.de/DWB/?sigle=DWB&mode=Vernetzung&lemid=GG21170], besucht am 11.6.2013.

[85] Zu diesem Aspekt vgl. *Rehse*, Supplikations- und Gnadenpraxis (wie Anm. 3), S. 76–78.

hierarchisch organisierte[86]. Das Beispiel des römischen Prinzipats wurde bereits genannt, ebenso das Recht der ebenfalls stark vertikal strukturierten Kirche des Mittelalters. Gleiches gilt für den Absolutismus und die europäischen Monarchien bis zu deren Untergang 1918. Kein Zufall scheint es auch zu sein, dass die letzte intensive wissenschaftliche Beschäftigung mit dem Phänomen der Gnade ausgerechnet in die Jahre 1933 bis 1945 fiel[87].

Indem der Herrscher Gnade walten lässt, demonstriert er seine Allmacht, seine über dem Recht stehende Position. Zweck der Gnade ist häufig nicht Gerechtigkeit oder *aequitas,* sondern ein politisches Fernziel, in dessen Dienst nicht nur der Begnadigte, sondern die Wirksamkeit des Rechts schlechthin gestellt wird. Der Einzelne und die Gesellschaft stehen machtlos und ohne Rechtsmittel vor dieser Allmacht, die dem Herrscher nicht nur im Gottesgnadentum eine gottgleiche Stellung verschafft: „Niemand als Gott und die Herren können Gnade tun", heißt es in einem Rechtssprichwort[88], und noch die spätabsolutistische Literatur spricht ganz selbstverständlich vom „göttlichen Recht der Gnade"[89].

Diese Allmacht bedarf auch keiner Begründung, so wie zuletzt die Entscheidung des Bundespräsidenten im Fall Christian

86 Dass Herrschaft auch konsensual organisiert werden kann, wird – entgegen einem auf Max Weber zurückgehenden vertikalen Herrschaftsverständis – in letzter Zeit immer wieder betont; vgl. nur die Beiträge in: *M. Meumann/R. Pröve* (Hrsg.), Herrschaft in der Frühen Neuzeit. Umrisse eines dynamisch-kommunikativen Prozesses (Herrschaft und soziale Systeme in der Frühen Neuzeit, 2), 2004.

87 Vgl. etwa: *W. Grewe,* Gnade und Recht, 1936 und die daran anschließende Diskussion, z.B. *J. Gasse,* in: Archiv des öffentlichen Rechts 68 (1938), S. 248–250; *W. Schönfeld,* in: AcP 143 (1937), S. 243 f.; *E. Wohlhaupter,* in: Zeitschrift für die gesamte Staatswissenschaft 97 (1937), S. 364–366.

88 *R. Schmidt-Wiegand* (Hrsg.), Deutsche Rechtsregeln und Rechtssprichwörter. Ein Lexikon, 1996, S. 148.

89 Vgl. *Häberlin,* Handbuch 2 (wie Anm. 81), § 327, S. 549.

Klar[90]. Wo die Wissenschaft versucht, das Gnadenrecht unter Begründungszwang zu setzen, hat sie auch in historischer Perspektive selten Erfolg. Das kanonische Recht formuliert nur ganz allgemein und deskriptiv, eine Begnadigung durch Papst oder Bischöfe erfolge *„ex utilitate et necessitate“*[91]. Es wird deutlich, dass das Kirchenrecht zwar durch dessen Anbindung an die Prinzipien der *misericordia* dem Gnadenrecht gegenüber der stärker rechtlich geprägten römischen Tradition zum Durchbruch verhalf; die eigene Gnadenpraxis wurde dann aber eher durch Argumente politischer Rationalität begründet. Dabei macht die Gnade selbst vor schwersten Delikten keinen Halt, nicht nur im aktuellen Fall der Komplizin des Kindermörders Marc Dutroux[92], sondern auch bei dessen Vorläufern in der Rechtsgeschichte. Das kanonische Recht bestimmt ausdrücklich, dass eine *dispensatio* sogar bei solchen Verbrechen in Betracht

---

90 Dieser Aspekt führte in der Politik zu Überlegungen, das Gnadenrecht als willkürliches Instrument abzuschaffen: vgl. *M. Decker*, Köhler lehnt Gnade für Ex-Terroristen ab, in: Mitteldeutsche Zeitung vom 8.5.2007, zit. n. der Onlineausgabe [http://www.mz-web.de/archiv/Koehler-lehnt-Gnade-fuer-Ex-Terroristen-ab/HC-05-08-2007-0820003A19B7.htm], besucht am 12.6.2013.

91 Balduin von Brandenburg, Summa titulorum I.6, ed. *Th. Ertl*, Religion und Disziplin. Selbstdeutung und Weltordnung im frühen deutschen Franziskanertum, 2006, S. 396 (398): „Sciendum ergo, quod dispensare potest papa et etiam quilibet episcopus et sunt duo, que inducunt dispensationem, videlicet necessitas et utilitas [C. 1 q. 7 c. 23], quecumque alia sunt, ad ista reducantur“: Papst und Bischöfe könnten begnadigen, aber nur aus zwei Gründen, nämlich Notwendigkeit und Nützlichkeit. Sofern andere Gründe vorlägen, könnten sie auf diese beiden zurückgeführt werden. Die zitierte Passage aus dem *Decretum Gratiani* gibt ein Fragment des Papstes Gelasius wieder, wo dieser konzediert, dass gelegentlich aus Gründen der Notwendigkeit oder der Nützlichkeit für die Kirche die kirchenrechtlichen Vorschriften verändert oder gelockert würden: „Aliquando enim pro necessitate uel ecclesiae utilitate mutilantur et laxantur precepta canonica“.

92 Vgl. *Ph. Zweifel*, „Es geht um Nächstenliebe. Denn wer soll hier vergeben?“, in: Tages-Anzeiger 31.8.2012, zit. nach der Onlineausgabe [http://www.tagesanzeiger.ch/kultur/diverses/Es-geht-um-Naechstenliebe-Denn-wer-soll-hier-vergeben/story/27841106], besucht am 12.6.2013. Das Gnadengesuch des Marc Dutroux wurde allerdings abgewiesen.

käme, die als *crimina enormia,* als Schwerstkriminalität, für den Angeklagten im Übrigen zu schwerwiegenden prozessualen Nachteilen führen, so etwa, wenn sich ein Geistlicher zu einem Duell verleiten ließ[93]. Selbst bei Verstößen gegen die *lex divina* oder das Naturrecht gestand die gemeinrechtliche Lehre dem *princeps* das Recht zu, die entsprechenden Strafen zu mildern[94].

Die Kunst dieser instrumentellen Verwendung der Gnade kann plastisch erläutert werden an einer Dekretale, die einer der begnadetsten Machtpolitiker überhaupt erließ: Papst Innozenz III[95]. Das Domkapitel von Worcester in England hatte Anfang August 1199 einen illegitim gezeugten Magister Mauger aus Évreux in der Normandie zum Bischof gewählt[96]. Nichteheliche Abkunft war allerdings spätestens seit dem Dritten Laterankonzil 1179 ein Weihehindernis[97]. Mauger hatte seinen Makel dem Erzbischof von Canterbury in der Beichte mitgeteilt. Dieser verzögerte die Bestätigung. Daraufhin bat das Domkapitel Papst Innozenz III. um die Bestätigung der Wahl. Dieser nahm in besagter Dekretale das Dispensationsrecht demonstrativ für sich in Anspruch: Gesetze seiner Vorgänger bänden ihn nicht, da Gleichgestellte keine Herrschaft übereinander ausübten. Dann zählt der Papst die Verdienste des Magister auf, die eine Dispensation prinzipiell rechtfertigten. Dennoch lehnte der Papst eine

---

93 X 5.14.1 (Alexander III., a. 1159/81 = 1 Comp. 5.13.1): Trotz Vorliegen einer „enormen" Straftat kann ein sich duellierender Kleriker dispensiert werden, wenn kein Totschlag erfolgte oder Verstümmelung eingetreten ist. Zu den *crimina enormia* vgl. *D. von Mayenburg,* Die „enormitas" als Argument im mittelalterlichen Kirchenrecht, in: Condorelli/Roumy/Schmoeckel (Hrsg.), Der Einfluss der Kanonistik auf die europäische Rechtskultur, Bd. 3 Straf- und Strafprozessrecht, 2012, S. 259–292.

94 *Ziegler,* De Juribus (wie Anm. 74), lib. 1, c. 8, n. 3, S. 200.

95 X 1.6.20 (Innozenz III. a. 1200 = 3 Comp 1.6.5).

96 Eine Zusammenfassung der Hintergründe dieser Bischofswahl findet sich bei: *E. Gütschow,* Innocenz III. und England, 1904, S. 110–112.

97 Kapitel 3 des dritten Laterankonzils von 1179 sah vor, dass eine eheliche Abstammung zu den Amtserfordernissen eines Bischofs gehörte und bei einem Verstoß sollte ein dreijähriger Bann eintreten; vgl. X 1.6.7 (= 2 Comp 1.4.16).

Dispensation ab, denn das Kapitel habe Mauger entgegen den gesetzlichen Vorschriften gewählt und nicht lediglich postuliert. Wenn jedoch die Postulation nachgeholt werde, könne ein päpstlicher Dispens erfolgen. Dies geschah dann tatsächlich und die Bischofsweihe erfolgte am 4.6.1200[98].

Es wird deutlich, wie virtuos Innozenz das Wechselspiel zwischen strikter Rechtsfolgenanordnung und flexiblem Dispensrecht einsetzt, um die Beteiligten wie Schachfiguren auf dem Spielfeld seiner politischen Zwecke zu bewegen. Die wichtigste Botschaft lautet aber, dass letztlich er, der Papst, über dem Recht steht und auch Konzilsbeschlüsse jederzeit ändern kann, wenn es politisch opportun erscheint. Damit wird vor aller Augen seine päpstliche Allmacht demonstriert.

3. *Gnade diskriminiert*

Setzt der Herrscher sein Gnadenrecht selektiv ein, um politische Zwecke zu verfolgen, folgt daraus notwendig eine weitere Konsequenz: Gnade diskriminiert. In der unterschiedlichen Behandlung rechtlich identischer Sachverhalte scheint auch in historischer Perspektive eines der gewichtigsten Probleme im Umgang mit Gnade zu liegen[99]. Ganz offensichtlich hat ein Delinquent, der wie Ruffin einflussreiche Fürsprecher hat, bessere Aussichten begnadigt zu werden als ein Allerweltsverbrecher[100]. Doch die diskriminierende Wirkung der Gnade reicht noch tiefer und betrifft die Gerechtigkeit selbst: Anknüpfungspunkt der

---

98 *Gütschow,* Innocenz III. (wie Anm.96), S. 111.

99 Zur Gleichheitsproblematik der Begnadigung vgl. auch: *M. Reulecke,* Gleichheit und Strafrecht im deutschen Naturrecht des 18. und 19. Jahrhunderts, 2007, S. 114–117. Das Bundesverfassungsgericht hat in seiner Entscheidung zur lebenslangen Freiheitsstrafe eingeräumt, dass durch die ungleiche Begnadigungspraxis der Bundesländer erhebliche Gleichheitsprobleme entstehen: BVerfG, Urteil vom 21.6.1977, 1 BvL 14/76, juris, Rn. 187.

100 Ähnliches zeigt eine Analyse der Gnadenpraxis im Dritten Reich: *M. Löffelsender,* Strafjustiz an der Heimatfront. Die strafrechtliche Verfolgung von Frauen und Jugendlichen im Oberlandesgerichtsbezirk Köln 1939–1945, 2012, S. 448.

Begnadigung ist nämlich nicht eine ausgleichende oder gerecht verteilende Gerechtigkeit, sondern schlimmstenfalls politische Willkür und bestenfalls die Billigkeit (*aequitas*), also eine Gerechtigkeit, die ohne expliziten Vergleichsmaßstab auskommt[101]. Diese Justitia ohne Augenbinde blickt nur auf den Einzelfall, ohne die Frage zu stellen, wie das Recht vergleichbare Fälle behandelt. Eine der wichtigsten zivilisatorischen Leistungen des Rechts wird damit konterkariert, nämlich die Gleichbehandlung der Rechtsunterworfenen jenseits ihrer standes-, schichten- oder sonstigen gruppenspezifischen Zugehörigkeit. Die Gnade ist nicht so unbestechlich: Maria Inderbitzi hatte das große Glück, unverheiratet gewesen zu sein, sonst wäre sie zweifellos hingerichtet worden. Paradoxerweise erweist sich die Gnade aus *favor matrimonii* damit gerade gegenüber bereits vorher Verheirateten als diskriminierend[102]. Werden etwa Frauen bevorzugt begnadigt, bleiben Männer in vergleichbarer Situation dem *rigor iuris* ausgeliefert. Ähnliches lässt sich problemlos für andere Personengruppen konstatieren, wenn etwa Weiße[103], Kleriker[104]

101 Zu den Problemen einer Einzelfallgerechtigkeit vgl. etwa: *F. Elsener*, Gesetz, Billigkeit und Gnade im kanonischen Recht. (Districtio legum, Aequitas canonica, Misericordia). Eine vorläufige Skizze, in: Tübinger Juristenfakultät (Hrsg.), Summum Ius Summa Iniuria. Individualgerechtigkeit und der Schutz allgemeiner Werte im Rechtsleben (Tübinger rechtswissenschaftliche Abhandlungen, 9), 1963, S. 168–190.

102 So auch: *Osenbrüggen*, Das alamannische Strafrecht (wie Anm. 72), S. 192: „Ein solcher favor matrimonii führte denn dazu, daß Nichtverheiratete um ein Partikelchen besser im Strafrecht gestellt waren, als Verheiratete."

103 Zur Gnadenpraxis in den USA in der Regierungszeit George W. Bush, der zwischen 2001 und 2008 189 Sträflinge begnadigte, von denen nur 13 keine weiße Hautfarbe hatten, vgl.: *D. Linzer/J. LaFleur*, Presidential Pardon Heavily Favor Whites, ProPublica, 3.12.2011 [http://www.propublica.org/article/shades-of-mercy-presidential-forgiveness-heavily-favors-whites], besucht am 20.6.2013. Die Studie ist das Ergebnis von Recherchen einer Journalisteninitiative, die die Amtszeit George W. Bushs aufarbeitet.

104 X 2.14.1 (Alexander III. an den Bischof von Herford, a. 1159/1181 = 1 Comp.2.10.1): Ein säumiger Kleriker wird auf dem Gnadenwege gegenüber weltlichen Personen prozessual bessergestellt.

oder Jugendliche[105] geschont und damit Nichtweiße, Nichtkleriker und Erwachsene bei der Anwendung der Gnade schlechter gestellt werden.

Doch die diskriminierende Funktion der Begnadigung kann noch weiter reichen, wie der Fall Hentig demonstriert: Selbst der Begnadigte selbst kann gegen den Entzug rechtlicher Behandlung nichts unternehmen, steht schlechter als derjenige, dessen Unschuld in einem regulären Verfahren erwiesen wurde. Diese Konsequenz wurde übrigens in einigen älteren Rechtsvorschriften durchaus erkannt. So legt der Bayerische Codex Criminalis von 1751 in Übereinstimmung mit der gemeinrechtlichen Lehre[106] fest:

> Wie aber niemanden gegen seinen Willen eine Gnad aufgedrungen wird; so stehet in des Uebelthäters freyer Willkuhr, ob er solche annehmen, oder der Justiz seinen Lauf lassen wolle, ausgenommen die Leibs= und Lebensstrafen, weil über sein Leib und Leben niemand uneingeschränktes Eigenthum und Herrschaft besitzet[107].

Anders als im Fall Hentig wird dem Delinquenten also im gemeinrechtlichen Strafrecht durchaus eine Wahlfreiheit zwischen Recht und Gnade gelassen. Herr über seinen Leib und sein Leben ist allerdings nicht der Betroffene, sondern allein der Landesherr.

Nur kurz sei in diesem Zusammenhang abschließend noch angemerkt, dass die Begnadigung bereits durch ihre Bezugnahme

---

105 X 5.39.60 (Gregor IX., a. 1227/1234): Minderjährige können auf dem Gnadenwege vom Kirchenbann befreit werden.

106 *Ziegler,* De Juribus (wie Anm. 74), lib. 1, c. 8, n. 1, S. 199.

107 Codex Iuris Bavarici Criminalis de Anno MDCCLI, 2. Aufl. 1771, Teil 2, Kap. 11, § 3, S. 171. Hierzu bemerkt der Gesetzesredaktor, Wiguläus Freiherr von Kreittmayr in seinem Kommentar: „Die Begnadigung gebührt niemand als der Landesherrschaft, nicht aber den mit dem Blutbann begabten Ständen. Dem Uebelthaeter stehet hierunter frey, ob er die Gnade annehmen, oder der Justiz ihren Lauf lassen wolle, ausgenommen in Leib- und Lebensstrafen, quia nemo vitae vel membrorum suorum dominus est", weil also niemand Herr über sein eigenes Leben oder seinen Körper sei: Wiguläus Xaverius Aloysius Freiherr von Kreittmayr, Compendium Codicis Bavarici Civilis, Judiciarii, Criminalis et Annotationum. Oder Grundriß der gemein= und bayrischen Privat=Rechtsge lehrsamkeit etc., 1768, ND 1990, S. 570.

auf das Strafrechtssystem diskriminierende Wirkung entfaltet: Der zu lebenslangem Gefängnis und Sicherungsverwahrung verurteilte Straftäter hat immer eine zumindest theoretische Hoffnung auf Begnadigung, sein dauerhaft in die Psychiatrie eingewiesener Komplize nie.

4. Gnade diskreditiert

Die Begnadigung diskriminiert nicht nur, sie diskreditiert auch, und zwar das Recht. Hinter der allmächtigen Korrekturbefugnis steht ein ebenso allumfassender Generalverdacht gegen die Funktionsfähigkeit gerechten Richtens. Während der *rigor iuris* und damit die Konsequenz des Rechts im römischen Recht selbst im Prinzipat noch positiv besetzt blieb[108], findet sich in der christlichen Theologie des Mittelalters und in ihrem Gefolge dann auch im Kirchenrecht die Tendenz, der Gnade jedenfalls eine moralethische Überlegenheit gegenüber dem Recht zuzusprechen. Der *rigor* avanciert hier zum Schlüsselbegriff, gegen dessen Härte die *misericordia*, die barmherzige Gnade gesetzt wird. In der Benediktinerregel heißt es, der gewählte Abt solle das göttliche Gesetz kennen, aber in seiner Amtsführung die Gnade höher schätzen als das Recht, denn er wolle selbst Gnade empfangen[109]. Dabei wird Bezug genommen auf Jak 2,13, wo es heißt: „Es wird aber ein unbarmherziges Gericht über den erge-

---

108 Vgl. Mod. D.49.1.19: Eine Entscheidung, die klar gegen den *rigor iuris* ergeht, soll nicht wirksam sein, und die Sache soll ohne Appellationsmöglichkeiten erneut verhandelt werden.

109 Regula Benedicti, c. 64, n. 9 f., zit. nach der auf der Basis der durch die Salzburger Äbtekonferenz autorisierten Fassung erstellten zweisprachigen Internetausgabe [http://www.benediktiner.de/index.php/die-dienst- ordnung-2/einsetzung-und-dienst-des-abtes-rb.html], besucht am 12.6.2013: „[9] Oportet ergo eum esse doctum lege divina, ut sciat et sit unde proferat nova et vetera, castum, sobrium, misericordem, [10] et semper superexaltet misericordiam iudicio, ut idem ipse consequatur.“, zu deutsch: „[9] Er [d.h. der Abt, DvM] muss daher das göttliche Gesetz genau kennen, damit er Bescheid weiß und (einen Schatz) hat, aus dem er Neues und Altes hervorholen kann. Er sei selbstlos, nüchtern, barmherzig. [10] Immer gehe ihm Barmherzigkeit über strenges Gericht, damit er selbst Gleiches erfahre“.

hen, der nicht Barmherzigkeit getan hat; und die Barmherzigkeit rühmt sich wider das Gericht". Allerdings blieb der Begriff des *rigor* im historischen Verlauf stets erkennbar unbestimmt. Für den Juristen Bartolus war der *rigor iuris* gleichbedeutend mit dem geschriebenen Gesetz und wurde als solcher der *aequitas* gegenübergestellt[110], der Bartolus jedenfalls dann einen Vorrang gegenüber dem Recht einräumte, wenn es sich um *aequitas scripta* handelte[111].

Allerdings gab es gelegentlich dort, wo Juristen das Recht wissenschaftlich bearbeiteten und praktisch durchzusetzen suchten, durchaus eine Gegenbewegung, eine Diskreditierung der Gnade durch das Recht. In der Literatur wurde bereits gezeigt, dass die noch im *Decretum Gratiani* zu findende Betonung der Gnade im Gelehrten Recht des Hochmittelalters stark zurücktrat[112]. Die gemeinrechtliche Lehre forderte immerhin für jede Straferleichterung durch den Fürsten eine Begründung[113]. Und spätere Strafrechtsreformer wie Beccaria kritisierten die in der Gnade liegende Diskreditierung des Rechts ganz offen. Sofern die Gesetze gerecht seien, sei Gnade überflüssig und sogar schädlich:

> „Das Recht, Gnade zu erteilen, ist eines der schönsten Vorzüge des Thrones. Allein so glänzend auch dieses sein mag, so beweist es doch eine stillschweigende Mißbilligung derjenigen Rechte, welche das Vorurteil vieler Jahrhunderte, das weitschweifige Gefolge unzähliger Ausleger und die übertriebenen Lobsprüche dreister Halbgelehrten bis in den Himmel erhoben. [...] Lasset euch nur einigermaßen

---

110 *Bartolus de Sassoferrato,* Commentaria in Secundam Digesti Novi Partem, etc., zu D.49.1.19, n. 1, hier zit. n. der Ausgabe Lyon 1555, Bl. 236ve. Noch deutlicher in: *ders.,* In Primam Codicis Partem etc., zu C.1.14.1, n. 13, zit. nach der Ausgabe, Bl. 27re: „Ius scriptum, seu rigor iuris dicitur decisio, quae fit secundum regulas iuris scripti ...".

111 Vgl. zu dieser für die Auslegungslehre zentrale Passage: *H. Hattenhauer,* Zur Rechtsgeschichte und Dogmatik der Gesetzesauslegung, in: Zimmermann (Hrsg.), Rechtsgeschichte und Privatrechtsdogmatik. Hans Hermann Seiler zum 24.12.1999, 1999, S. 129–148, hier: S. 135–137.

112 *Elsener,* Gesetz (wie Anm. 101), S. 184 betont, dass hier „der Rigor iuris bei weitem über die Aequitas, geschweige denn über die Misericordia dominierte".

113 *Ziegler,* De Juribus (wie Anm. 74), lib. 1, c. 8, n. 1, S. 199.

merken, daß die Verbrechen Vergebung erhalten können und die Strafe nicht allemal deren unausbleibliche Folge sei; o! so nährt ihr dadurch den Zunder der schmeichlerischen Hoffnung durchzuschlüpfen, ja ihr erregt sogar die Meinung, daß einer, der ohne Begnadigung Strafe dulden muß, Unrecht leide, und daß die Urteilssprüche mehr Gewalttätigkeiten als Handlungen sind, welche aus der Gerechtigkeit fließen. Die Gesetze müssen demnach wie Felsen stehen, und diejenigen, die sie vollziehen, unerbittlich, der Gesetzgeber aber bei Abfassung der Rechte gelinde, huldreich und menschlich sein. Solchergestalt wird er nachher nicht gezwungen sein, das Wohl der Gesellschaft von der Wohlfahrt einzelner Personen durch besondere Gesetze zu trennen und ein Schattenbild der öffentlichen Glückseligkeit auf Furcht und Mißtrauen zu errichten.“[114]

Noch skeptischer äußern sich Immanuel Kant und Jeremy Bentham über die Gnade. Kant schreibt in seiner Metaphysik der Sitten:

„Das Begnadigungsrecht (*ius aggratiandi*) für den Verbrecher, entweder der Milderung oder gänzlichen Erlassung der Strafe, ist wohl unter allen Rechten des Souveräns das schlüpfrigste, um den Glanz seiner Hoheit zu beweisen und dadurch doch im hohen Grade unrecht zu thun.“[115]

Auch für Bentham ist die Gnade ein Fremdkörper im Recht. Ist das Gesetz zu streng, dann ist es durch den Gesetzgeber zu mildern. Anderenfalls ist die Übung von Gnade eine Verletzung der Gesellschaft: Wird eine Begnadigung korrekt ausgeübt, erscheint sie als Tyrannei im Recht, wo sie falsch ausgeübt werde, ist sie selbst Tyrannei[116].

---

114 *C. Beccaria,* Über Verbrechen und Strafen, hier zit. nach der deutschen Übersetzung von Karl Ferdinand Hommel, Des Herren Marquis von Beccaria unsterbliches Werk von Verbrechen und Strafen, 1778, S. 182 f.

115 *I. Kant,* Metaphysik der Sitten, Erster Teil: Metaphysische Anfangsgründe der Rechtslehre, 2. Teil, hier zit. nach *Preußische Akademie der Wissenschaften* (Hrsg.), Immanuel Kant. Gesammelte Schriften, Bd. 6, Berlin 1914, S. 337.

116 *J. Bentham,* Principles of Penal Law, Part 2, Book 6, Chapter 4, § 1, hier zit. nach der Ausgabe *J. Bowring* (Hrsg.), The Works of Jeremy Bentham, published under the Superintendence of his Executor, Bd. 1, 1838, S. 520 f. Treffend bringt John Hill Burton, der Verfasser der Ein-

Gegen diese Einwände der Wissenschaft zeigte sich die Gnadenpraxis der Fürsten allerdings fast durchgehend immun. Und dies hängt damit zusammen, dass Begnadigungen für die Obrigkeiten oft nützlicher und im Volk häufig populärer sind als ein konsequentes Strafrecht[117].

5. *Gnade entlastet*

Und dies führt bereits zur fünften These: Gnade wirkt, jedenfalls potentiell, entlastend. Sie kann den Delinquenten entlasten, wie im Fall der Anna Maria Inderbitzi, sie kann verzweifelnde Juristen entlasten, die sich wie im Fall des Mecklenburger Pferdediebs in einer völlig anachronistischen Rechtsordnung bewegen müssen[118]. Sie kann auch die Gesellschaft entlasten, integrieren und befrieden wie im Falle der Amnestien und Abolitionen, die in den Fällen Hentig und Ruffin eine Rolle spielten. Immer aber entlastet die Begnadigung den Gnadenherrn, dient im Idealfall nicht nur seinen politischen Zielen, sondern auch seinem Ansehen als mildem Herrscher.

In erstaunlicher Kontinuität sind es daher utilitaristische Argumente, die zugunsten der Begnadigung vorgebracht werden. Dies zeigt deutlich bereits das mittelalterliche Kirchenrecht: Von Augustinus übernimmt Gratian das Bild der heilenden Karitas, die immer dort etwas an Strenge zurücknimmt, wo nicht

---

führung zu Benthams Gesamtausgabe, dessen Auffassung auf den Punkt: „The punishment fixed by the law is either too high or not too high. If it be too high, it should be reduced: if it be not, the exercise of the pardon power, popularly called the prerogative of mercy, is an injury to society. Thus, wherever the pardon power is rightly exercised there is tyranny in the law – where it is wrongly exercised it is itself tyranny“: Ebd., S. 67.

117 Als bei einer öffentlichen Hinrichtung in Köln 1566 der Delinquent sich lautstark entschuldigte, rief das Volk dem Grafen zu: „gnade, gnade und gein recht“: *K. Höhlbaum* (Hrsg.), Das Buch Weinsberg. Kölner Denkwürdigkeiten aus dem 16. Jahrhundert (Publikationen der Gesellschaft für Rheinische Geschichtskunde, 4), 1887, S. 155.

118 Während in Mecklenburg-Schwerin auf Pferdediebstahl der Tod durch den Strang stand, wurde dieses Delikt im angrenzenden Preußen „nur“ mit viermal 25 Peitschenhieben bestraft: *Bollbrügge,* Landvolk (wie Anm. 30), S. 130.

einzelnen Menschen, sondern ganzen Völkern Gefahr drohe[119]. Ende des 11. Jahrhunderts begnadigt der Papst einen Priester, der durch Bestechung ins Amt gekommen war. Die Urkunde verweist auf die Diskretion, die als Mutter der Tugenden stärker wiege als das Recht und spricht dabei ganz ausdrücklich von der *utilitas ecclesiae*[120]. Und auch Gratian verstärkt den barmherzigen Aspekt der Gnade mit einem unverhüllten Utilitarismus: Es gäbe nämlich viele verdammenswerte Verbrechen, die die Kirche dennoch toleriere, und zwar aus zeitlichen, persönlichen Gründen, mit Blick auf die Frömmigkeit, oder aus Notwendigkeit oder Nützlichkeit (*pro intuitu … necessitatis sive utilitatis*)[121]. Noch im 19. Jahrhundert galt im Kirchenrecht eine *major utilitas,* eine besondere Nützlichkeit, als Voraussetzung einer Dispensation[122].

Die *utilitas publica* nennt auch das Gemeine Recht als Anlass der Gnade[123] und der Naturrechtler Samuel von Pufendorf begründet die Begnadigung unter Hinweis auf Nützlichkeitsargumente[124]. Schließlich verteidigt im 19. Jahrhundert der liberale Staatsrechtler Robert von Mohl, obgleich durchaus skeptisch gegenüber einer ausufernden Gnadenpraxis, deren Gewähr vor allem mit utilitaristischen Motiven: Sie diene der Aussöhnung der Parteien, vermeide den Skandal der gerichtlichen Untersuchung unter den beteiligten Familien oder in der Öffentlichkeit; sie diene dem öffentlichen Frieden, und besänftige den Volkszorn. Sogar positive Effekte für die Rechtsprechung macht Mohl aus,

---

119 D. 50 c. 25 (= Augustinus, ep. 1 an Bonifatius, a. 417).

120 C. 1 q. 5 c. 3 (= [angeblich] Urban II an den Bischof von Metz, a. 1063/1066).

121 C. 1 q. 7 DG post c. 5: „Nisi rigor disciplinae quandoque relaxetur ex dispensatione misericordiae. Multorum enim crimina sunt dampnabilia, que tamen ecclesia tollerat pro tempore, pro persona, intuitu pietatis, uel necessitatis, siue utilitatis, et pro euentu rei.“

122 *Müller,* Art. Dispensationen, kirchliche (wie Anm. 61), S. 203.

123 *Ziegler,* De Juribus (wie Anm. 74), lib. 1, c. 8, n. 1, S. 199.

124 *S. von Pufendorf,* Über die Pflicht des Menschen und des Bürgers nach dem Gesetz der Natur, Buch 2, Kap. 13, § 15, zit. n. der Ausgabe, hrsg. von *K. Luig* (Bibliothek des deutschen Staatsdenkens, 1) 1994, S. 193 f.

indem etwa der Gefahr begegnet werde, dass Richter sonst vom positiven Recht abweichen könnten. Auch die Ermittlungschancen bei organisierter Kriminalität könnten durch kalkulierte Gnadenakte gesteigert werden[125].

In ihrer Entlastungsfunktion und ihrer utilitaristischen Begründbarkeit liegt die große Anziehungs- und Überzeugungskraft der Begnadigung. Nicht ohne Zufall findet sich der erste Nachweis der Formel „Gnade vor Recht" im Zusammenhang einer großen politischen Auseinandersetzung: Ottokar aus der Gaal verwendet die Formel anfangs des 14. Jahrhunderts in seiner großen Steirischen Reimchronik und beschreibt damit das Verhalten Albrechts von Österreich gegenüber dem besiegten Anführer eines Steierischen Aufstands, Friedrich von Stubenberg im Jahr 1292[126].

Keiner wird widersprechen, wenn vermeintliche Fehlurteile korrigiert oder gesellschaftskritische oder gar -feindliche Bevölkerungsteile inkludiert werden, wenn die Entlassung eines Straftäters zur Vermeidung einer Vielzahl weiterer Verbrechen beitragen kann. Warum bleibt dann dennoch eine gewisse Skepsis gegenüber der Begnadigung angebracht?

6. Gnade dissimuliert

Eine solche Skepsis ist vor allem wegen der sechsten und letzten Funktion des Gnadenerweises angemessen: Begnadigung dissimuliert, und zwar in mehreren Richtungen: Selten werden ihre Motive offengelegt. Geschieht dies, so werden gelegentlich spezialpräventive Erwägungen erkennbar, so etwa wenn die Gnade im Kirchenrecht der Besserung (*correctio*) dienen soll[127].

---

125 *R. von Mohl,* Politik, Bd. 1, 1862, S. 634–691, hier: S. 644–650.

126 „Sprach der herzog Albreht:/genâde sol für reht": *J. Seemüller* (Hrsg.), Ottokars Österreichische Reimchronik, 2. Halbband (MGB Dt. Chron. 5/2), 1893, S. 766, Vers 57515 f.

127 Gl. „Melius est" zu C. 26 q. 7 c. 12: „tamen potius servatur rigor quam misericordia, s. ubi non est spes correctionis". Die gesetzliche Strenge sei der Barmherzigkeit vorzuziehen, es sei denn, es bestehe Hoffnung auf Besserung. Hier ähnelt das Kirchenrecht der modernen Straf-

Häufiger sind Begnadigungen generalpräventiv motiviert, geben vor, dem Einzelfall zu dienen und zielen doch auf die Gesellschaft. Dies gilt besonders für die Gnade in politischen Auseinandersetzungen. Humanität steht dabei nicht notwendig als Motivation im Hintergrund. Doch solche Hinweise auf die Motivation des Gnadenherrn sind eher selten und wo sie geschehen, bleiben sie meist pauschal und formelhaft.

Doch die Begnadigung verhüllt nicht nur zumeist ihre wahren Motive, sondern auch den Prozess der Entscheidungsfindung. Ihr ermangelt es vollständig an Verfahrensgerechtigkeit[128].

Dabei ist zuzugeben, dass diese Verhüllung historisch durchaus unterschiedlich stark ausgeprägt war. Fest steht allerdings, dass die Transformation der modernen Territorien in Rechtsstaaten das Problem nicht gemildert hat, jedenfalls sofern wir nicht von verrechtlichten Formen wie Berufungs- oder Wiederaufnahmerecht, sondern von den bis heute fortbestehenden obrigkeitlichen Gnadenakten sprechen.

Im Fall der Anna Maria Innerbitzi ist der Verdunklungseffekt noch kaum erkennbar: Das Richten nach Gnade ist prozessual eingebunden in den regulären Malefizprozess. Auch wird mit dem *favor matrimonii* ein rechtlich anerkanntes Prinzip angeführt, das die Begnadigung rechtfertigen kann und in einer durchaus stabil praktizierten Übung auch dauerhaft rechtfertigte. Die Bindung der Gnade an transparente Motive oder Verfahren wurde in den folgenden Jahrhunderten, jedenfalls im welt-

---

rechtsschule, die die Gnade ebenfalls dem Resozialisierungsgedanken unterwerfen will, vgl. *R. Drews,* Das deutsche Gnadenrecht. Gesamtdarstellung, 1971, S. 7–9.

128 Das Bundesverfassungsgericht formuliert: „Die Begnadigung ergeht in einem internen Verfahren, das keine justizförmigen Garantien kennt. Die Gnadenpraxis der Länder läßt zwar die große Sorgfalt erkennen, mit der die Gnadenentscheidungen vorbereitet werden. Dennoch bestehen im Verfahren und in der Bestimmung des Entlassungszeitpunktes erhebliche Unterschiede, ohne daß die Gründe dafür einer Nachprüfung zugänglich sind“: BVerfG, Urteil vom 21.6.1977, 1 BvL 14/76 (wie Anm. 99), Rn. 193.

lichen Recht[129], aufgegeben: Die Hoffnung des Pferdediebs und seiner Richter auf Gnade resultierte gerade daraus, dass sich kein plausibler innerrechtlicher Grund für seine Entlastung finden ließ[130]. Ebensowenig wird die Verweigerung dieser Gnade durch den Landesherrn begründet.

Im Fall Ruffin zeigen sich die dissimulierenden Kräfte besonders deutlich, nicht nur weil die Gnade von zwei verschiedenen Gnadenherrn ganz unterschiedlich ausgeübt wird. Prozessual bemüht sich der stellvertretende Gnadenherr Qualen sogar um eine gewisse Einhegung, indem er betont, eine solch weitreichende Praxis sei historisch ohne Beispiel. Dieser Versuch einer Bindung der Gnade zumindest an die Gewohnheit wird von Leverenz durchkreuzt, ohne dass hierfür eine Begründung genannt wird oder auch nur erforderlich gewesen wäre. Auch die Begründung, die für die Begnadigung Ruffins immerhin genannt wird, tarnt lediglich die eigentliche Motivation. Die Erwägungen, die Tat sei durch die Kriegswirren verursacht, der Angeklagte sei ansonsten untadelig durchs Leben gegangen und das Sühnebedürfnis sei damit erfüllt, sind nichts anderes als die ohne Begründung gelieferte Negation der gerichtlichen Urteilserwägungen. Die eigentliche Motivation bleibt dagegen völlig obskur: Waren es die zahlreichen Gnadengesuche aus den besten Kreisen der Gesellschaft? War es der Versuch, die kriegsbedingten Wunden durch Gnade zu schließen? Waren es kriegsrechtliche Rechtfertigungselemente, die im Prozess nicht durchgedrungen waren? Oder waren es gar alte Seilschaften oder fehlgeleitete Soldatenbrüderschaft? Der Gnadenakt selbst hat hierauf keine Antwort, denn die Forderung nach einer Begründung verfehle, so auch der Hessische Staatsgerichtshof in einer Entscheidung von 1982, dessen Zweck:

---

129 Im Kirchenrecht wird noch im 19. Jahrhundert die Erteilung der Dispensation an ein urgens justaque ratio, an einen dringenden und gerechtfertigten Grund, gebunden.

130 Die Jenaer Fakultät führt zwar einen denkbaren Rechtsirrtum an, doch nur als Vermutung und nicht als nachgewiesenen Rechtfertigungsgrund.

„Jede Gnadenentscheidung, mag sie positiv oder negativ ergehen, hängt von vielschichtigen Erwägungen ab, die in all ihren Verästelungen nie vollständig dargestellt werden können. Das hat zur Folge, daß jede Benennung von Gründen zwangsläufig unvollständig sein muß, ja, daß sogar die Gewichte der einzelnen Teilgründe unzulässig verschoben werden könnten, wenn nur ein Teil dieser Gründe dargelegt, ein anderer Teil aber nicht genannt würde“[131].

IV. Schluss

Welche Konsequenzen sind aus der vorausgegangenen Analyse zu ziehen? Der Rechtshistoriker könnte sich auf den analytischen Teil zurückziehen und die Folgerungen anderen überlassen. Doch schon um nicht falsch verstanden zu werden, sollen abschließend einige weiterführende Überlegungen angestellt werden.

Eine ersatzlose Abschaffung der Begnadigung erscheint dabei wenig reizvoll. Die Aussicht auf Begnadigung gibt dem Delinquenten Hoffnung in der Hoffnungslosigkeit. Sie erweitert damit nicht nur seinen Schutz, sondern auch das Arsenal staatlicher Reaktion auf Unrecht zugunsten des Angeklagten. Verhindert wird damit letztlich eine Totalität des Rechts in der Strafrechtspflege[132]. Auch scheint die fortschrittsgläubige Hoffnung Beccarias und anderer Strafrechtsreformer verfehlt, man könne ein perfektes Strafsystem schaffen, das in seiner Humanität jeden richterlichen Fehlgriff ausschließe. Bedenkenswert sind auch die Erwägungen Robert von Mohls, dass der Gesetzgeber nie alle Konsequenzen seiner Anordnung voraussehen kann[133]. In einer dynamischen Gesellschaft wie unserer gilt dies erst

131 Staatsgerichtshof des Landes Hessen, Beschluss vom 24. November 1982, P. St. 983, zit. nach juris.

132 Zur rechtssoziologischen Kritik eines Allmächtigkeitsanspruchs des juristischen Systems, wie er etwa von Niklas Luhmann verteidigt wird, und zur Erforderlichkeit von Ausnahmen von dieser Allmacht vgl. *S. Opitz,* Ausnahme mit System: Niklas Luhmann und Giorgio Agamben an der Grenze zum Anderen des Recht, in: Kritische Justiz 44 (2010), S. 436–449, bes. 448 f.

133 *Mohl,* Politik 1 (wie Anm. 125), S. 639.

recht. Auch ist nicht völlig auszuschließen, dass gerade die dissimulierenden Effekte eines Machtspruchs dessen befriedende Wirkung erzielen mögen.

Dennoch erscheint die Allmacht des Gnadenherrn in ihrer jetzigen Form suspekt, in der sie allein in den dürren Gnadenordnungen des Bundes und der Länder eine rechtliche Kanalisation findet. Es scheint fast, als sei der Spruch „Gnade vor Recht" ebenso totalitär wie ein unbedingtes Recht ohne Gnade. Was bleibt, ist zunächst die ständige Arbeit an Gesetz und Rechtsprechung, um Gnadenakte entbehrlich zu machen. Ohne die unmäßige Anordnung der Todesstrafe bei Pferdediebstahl hätte die Justiz den Fall des Pferdediebes ohne Rekurs auf das Gnadenrecht lösen und den Dieb zu einer verhältnismäßigen Strafe verurteilen können. Webfehler im Strafrecht, die ursächlich für die wenigen verbleibenden Fälle positiver Gnadenentscheidungen sind, sollte der Gesetzgeber durch Änderung der entsprechenden Vorschriften beheben[134]. Für die verbleibenden Fälle wäre nicht auf „Gnade statt Recht" zu setzen, sondern auf „Gnade im Recht", also eine kluge und maßvolle Rechtsanwendung. Außerdem ist für funktionierende Sicherungsmechanismen wie ein praktikables Wiederaufnahmerecht zu sorgen. Wo all diese Sicherungen versagen und man tatsächlich exekutive Eingriffe in die Strafrechtspflege befürworten wollte, so müsste auch dieser Eingriff den Regeln des Rechts folgen. Die Gnadenordnungen des Bundes und der Länder sollten also Verfahrensgarantien bieten und dem Betroffenen und der Gesellschaft eine Begründung nicht vorenthalten, ganz so, wie es der Kanton Schwyz im Falle der Anna Maria Innerbitzi vor knapp 300 Jahren vorgemacht hat.

---

134 Vgl. die Konstellationen bei: *G. Kett-Straub*, Die lebenslange Freiheitsstrafe, 2011, S. 121 unter Verweis auf § 57a StGB, der zu einer unmäßigen Kombination mehrerer Mindestverbüßungsdauern führen kann.

Einblicke in die Gnadenpraxis am Beispiel Nordrhein-Westfalens

Von *Thomas Harden*

I. Einleitung

Gnadensachen werden von den Justizbehörden vertraulich behandelt. Die Gnadenvorgänge unterliegen nach herrschender Meinung nicht der Akteneinsicht. Ablehnende Entscheidungen sind nach ständiger Rechtsprechung des Bundesverfassungsgerichts nicht auf dem Rechtsweg anfechtbar. Vor diesem Hintergrund hat *Bernd-Dieter Meier* im Jahr 2006 von einer „umfassenden Abschottung gegenüber der externen Wahrnehmung und Kontrolle" gesprochen, die dazu führe, dass die interessierte Öffentlichkeit kaum etwas über die Handhabung und die Wirkungen des Gnadenrecht wisse. Gnadensache gelten – so führt er weiter aus – als „terra incognita" der Kriminologie[1]. Durch meinen Vortrag möchte ich dazu beigetragen, in dem mir gesetzten zeitlichen Rahmen einiges über die Gnadenpraxis in Nordrhein-Westfalen zu berichten und so die erwähnte Abschottung zumindest etwas zu lockern[2].

---

1 *B.-D. Meier,* Vertraulich, aber unspektakulär: die Gnadenpraxis in Deutschland, in: Festschrift für Hans-Dieter Schwind zum 70. Geburtstag (2006), S. 1059 (1070).

2 Einen Überblick über das Gnadenverfahren am Beispiel der Gnadenordnung für das Land Nordrhein-Westfalen bietet der Aufsatz von *S. Freuding,* Das Gnadenrecht – Ein Überblick des Gnadenverfahrens am Beispiel der Gnadenordnung für das Land Nordrhein-Westfalen (GnO NW), StraFo 2009, S. 491 ff. Zu der Handhabung des Gnadenrechts durch den Bundespräsidenten vgl. die instruktive Darstellung von *S. U. Pieper,* Das Gnadenrecht des Bundespräsidenten – eine Bestandsaufnahme, in: Festschrift für Roman Herzog zum 75. Geburtstag (2009), S. 355 ff.

II. Kurze Darstellung der maßgeblichen Rechtsgrundlagen

1. Art. 59 der Verfassung für das Land Nordrhein-Westfalen

Die für unser Thema maßgeblichen Regelungen in Art. 59 Abs. 1 Satz 1 und 2 der Landesverfassung haben folgenden Wortlaut[3]: „Der Ministerpräsident übt das Recht der Begnadigung aus. Er kann die Befugnis auf andere Stellen übertragen." Das Begnadigungsrecht besteht – mit den Worten des Bundesverfassungsgerichts – „in der Befugnis, im Einzelfall eine rechtskräftig erkannte Strafe ganz oder teilweise zu erlassen, sie umzuwandeln oder ihre Vollstreckung auszusetzen. Es eröffnet die Möglichkeit, eine im Rechtsweg zustande gekommene und im Rechtsweg nicht mehr zu ändernde Entscheidung auf einem anderen, besonderen Weg zu korrigieren."[4]

Dass der Ministerpräsident[5] das Begnadigungsrecht nur für das Land hat, setzt Art. 59 der Landesverfassung voraus, ohne diese Grenze – anders als Art. 60 Absatz 2 GG dies hinsichtlich des Bundespräsidenten durch die Formulierung „für den Bund" tut – ausdrücklich zu benennen.[6] Im Übrigen wird die verfassungsunmittelbar vorgegebene bundesstaatliche Kompetenzabgrenzung in § 452 StPO konkretisiert: „In Sachen, in denen im ersten Rechtszug in Ausübung von Gerichtsbarkeit des Bundes entschieden worden ist, steht das Begnadigungsrecht dem Bund zu. In allen anderen Sachen steht es den Ländern zu." Der Bund ist danach zuständig für die Staatsschutz-Strafsachen, in denen die Oberlandesgerichte nach § 120 Abs. 1 und 2 GVG im Wege

---

[3] Hinweise zur Entstehungsgeschichte bei *P. J. Tettinger*, in: Löwer/Tettinger (Hrsg.), Kommentar zur Verfassung des Landes Nordrhein-Westfalen, 2002, Art. 59 Rn. 1–5.

[4] BVerfGE 25, 352 (358).

[5] In Anknüpfung an den Sprachgebrauch der Landesverfassung wird im Folgenden allein die männliche Amtsform verwendet.

[6] *A. Heusch*, in: Heusch/Schönenbroicher (Hrsg.), Die Landesverfassung Nordrhein-Westfalen. Kommentar, 2010, Art. 59 Rn. 2.

der Organleihe nach Art. 96 Abs. 5 GG Gerichtsbarkeit des Bundes ausgeübt und auf Anklage des Generalbundesanwalts entschieden haben[7].

Der Gnadenakt ist ein Eingriff der Exekutive in den Geltungsanspruch gerichtlicher Entscheidungen der rechtsprechenden Gewalt, den die Landesverfassung in Modifizierung der Gewaltenteilung[8] auf ein Organ der Exekutive übertragen hat[9].

Art. 59 Abs. 1 Satz 1 der Landesverfassung beschränkt sich auf eine Kompetenzzuweisung; formelle oder materielle Voraussetzungen für die Entscheidung des Ministerpräsidenten nennt die Vorschrift nicht. Nach ständiger Rechtsprechung des Bundesverfassungsgerichts besteht ein Recht auf einen Gnadenerweis nicht; es kann daher auch nicht verletzt werden mit der Folge, dass die Rechtsschutzgarantie des Art. 19 Abs. 4 GG für ablehnende Gnadenentscheidungen nicht gilt[10]. Gleichwohl ist der Ministerpräsident bei der Ausübung des Begnadigungsrechts nicht frei. Vielmehr übt er eine Amtsbefugnis aus und ist daher der Verfassung verpflichtet[11]. Er unterliegt mithin insbesondere dem Willkürverbot und darf die Gnadenbefugnis nur im Rahmen der verfassungsmäßigen Ordnung und mit Erwägungen ausüben, die sich an der Gerechtigkeitsidee orientieren[12]. Das von der Verfassung geforderte Amtsethos unterliegt allein politischer Kontrolle durch das Parlament[13], z.B. aus Anlass von Petitionen.

---

7 *E. Appl*, in: Karlsruher Kommentar zur StPO, 6. Aufl. 2008, § 452 Rn. 2; *B. Schmitt*, in: Meyer-Goßner (Hrsg.), StPO, 55. Aufl. 2012, § 452 Rn. 3; *Pieper* (Fn. 2), S. 356.

8 BVerfGE 25, 352 (361); BVerwG NJW 1983, 187 (188).

9 *Heusch* (Fn. 6), Art. 59 Rn. 3 und 5; *C. Dästner*, Die Verfassung des Landes Nordrhein-Westfalen. Kommentar, 2. Aufl. 2002, Art. 59 Rn. 1.

10 BVerfGE 25, 352 (358 ff.); 30, 108 (110 f.); 45, 187 (242 f.); 66, 337 (363); NJW 2001, 3771.

11 *Heusch* (Fn. 6), Art. 59 Rn. 2.

12 *Dästner* (Fn. 9), Art. 59 Rn. 2.

13 BVerwGE 14, 73 (75); NJW 1983, 187 (188); *Dästner* (Fn. 9), Art. 59 Rn. 3; *Heusch* (Fn. 6), Art. 59 Rn. 6.

2. Erlass des Ministerpräsidenten über die Ausübung des Rechts der Begnadigung vom 12. November 1951

Mit diesem Erlass[14] hat der Ministerpräsident von der in der Landesverfassung eingeräumten Delegationsmöglicheit in großem Umfang Gebrauch gemacht. In Art. 1 hat er sich die Entscheidung in bestimmten Fällen vorbehalten. Der Katalog umfasst zunächst Gnadensachen, die lebenslange Freiheitsstrafen zum Gegenstand haben, sowie vom Oberlandesgericht erstinstanzlich in Ausübung von Gerichtsbarkeit des Landes verhängte Strafen in Staatsschutzsachen. Daneben gilt der Vorbehalt für bestimmte Konstellationen einschneidender amts-, dienst- bzw. berufsrechtlicher Konsequenzen. Vorbereitung und Ausführung dieser Entscheidungen obliegen gemäß Art. 6 des Erlasses den in Art. 2 genannten Stellen. Für die von den Strafgerichten verhängten Strafen und die von den Gerichten auf Grund des OWiG festgesetzten Geldbußen ist die Ausübung des Rechts der Begnadigung dem Justizminister – verbunden mit dem Recht zur Subdelegation – übertragen (Art. 2 Nr. 1). Dem Ministerpräsidenten ist es unbenommen, den Übertragungsakt rückgängig zu machen und das Begnadigungsrecht wieder an sich zu ziehen. Für den strafrechtlichen Bereich wird nach meiner Beobachtung von dieser Möglichkeit nicht Gebrauch gemacht.

3. Gnadenordnung für das Land Nordrhein-Westfalen

Der Justizminister hat von dem ihm in Art. 2 Nr. 1 des Erlasses des Ministerpräsidenten eingeräumten Recht der Weiterübertragung Gebrauch gemacht.

Die insoweit zuständigen Gnadenbehörden und detaillierte Verfahrensregeln hat der Justizminister für seinen Zuständigkeitsbereich am 26. November 1975 in der 47 Paragrafen umfassenden Gnadenordnung für das Land Nordrhein-Westfalen (GnO NW)[15] festgelegt.

---

[14] GV. NW S. 141, zuletzt geändert durch Erlass vom 7.9.2000 (GV. NRW. S. 674).

Gnadenbehörden sind in Nordrhein-Westfalen die Gnadenstellen bei den Landgerichten, die Vollstreckungsbehörden und die Generalstaatsanwälte.

Die bei den Gnadenstellen tätigen Gnadenbeauftragten werden durch den Justizminister ernannt. Sie müssen die Befähigung zum Richteramt haben. Sie sollen Inhaber einer Planstelle im Bereich der Justizverwaltung des Landes sein und sich durch „besondere Lebenserfahrung, Verständnis für die sozialen Belange des Verurteilten und Kenntnis der kriminalpolitischen Notwendigkeiten auszeichnen."[16]

Bei der Bearbeitung von Gnadensachen werden die Gnadenbeauftragten als Organe der Justizverwaltung tätig und unterliegen – auch wenn es sich um Richter handelt – hinsichtlich des sachlichen Inhalts ihrer Verfügungen unmittelbar der Dienstaufsicht des Justizministeriums, im Übrigen der Dienstaufsicht ihres Dienstvorgesetzten.[17]

III. Abriss zum Ablauf eines Gnadenverfahrens

1. Gnadengesuch oder Gnadenanregung

Auf Antrag oder von Amts wegen wird die Gnadenfrage geprüft (§ 7 Abs. 1 GnO NW). Gericht, Vollstreckungsbehörde sowie die Leiter der Vollzugsanstalten und Vollzugseinrichtungen sind durch § 7 Abs. 2 GnO NW gehalten, die Einleitung eines Gnadenverfahrens anzuregen, wenn sie einen Gnadenerweis für angezeigt halten. Nicht selten werden Anträge von Angehörigen oder Freunden im Namen des Verurteilten gestellt, gelegentlich auch ohne dessen Kenntnis. Anders als andere Gnadenordnungen kennt die nordrhein-westfälische Gnadenordnung eine Re-

---

15 GV. NW. 1976, S. 16, zuletzt geändert durch AV vom 24. Juni 1987, JMBl. NRW, S. 169.

16 Abschnitt I. 3 der AV d. JM über die Einrichtung der Gnadenstellen und die ehrenamtliche Mitwirkung von Rechtsanwälten bei der Bearbeitung von Gnadensachen vom 9. Februar 1968 (3230 – III A. 3) – JMBl. NRW S. 49, geändert durch AV vom 3. August 1970 (3230 – III A. 3) – JMBl. NRW S. 207; abrufbar über www.jvv.nrw.de.

17 Abschnitt I. 7 der in Fn. 16 angeführten AV.

gelung, wonach in Zweifelsfällen zu klären ist, ob der Verurteilte einem nicht von ihm gestellten Gnadengesuch beitritt[18] oder ob er sich einem solchen anschließt[19], nicht.

2. Prüfung vorläufiger Einstellung der Vollstreckung

Gnadengesuche und Gnadenanregungen hemmen die Vollstreckung grundsätzlich nicht (§ 9 Abs. 1 GnO NW). Allerdings kann die Gnadenbehörde die Vollstreckung oder die weitere Vollstreckung bei Vorliegen enger Voraussetzungen bis zur Entscheidung über einen Gnadenerweis oder über Einwendungen einstellen: Es müssen erhebliche Gnadengründe glaubhaft vorgebracht werden und dem Verurteilten müssen durch die alsbaldige oder die weitere Vollstreckung der Strafe oder Maßregel schwere, nicht zumutbare Nachteile drohen, die bei Bewilligung eines Gnadenerweises nicht wieder beseitigt werden können (§ 9 Abs. 2 GnO NW).

3. Prüfung des Vorrangs von Entscheidungen des Gerichts oder der Vollstreckungsbehörde

Der aus dem Wesen des Gnadenrechts folgende Grundsatz des Vorrangs gesetzlicher Regelungen sowie gerichtlicher und vollstreckungsbehördlicher Entscheidungen beherrscht das gesamte Gnadenverfahren[20] und ist in § 10 GnO NW verankert. Der umfängliche, aber nicht abschließende Beispielskatalog des § 10 Abs. 1 Satz 2 GnO NW erfasst die typischen Fallkonstellationen. Allerdings erkennt die GnO NW auch die Möglichkeit an, dass ausschließlich eine Entscheidung im Gnadenwege erbeten wird (vgl. § 10 Abs. 2 Satz 1 GnO NW).

4. Gnadenermittlungen

Die Gnadenbehörden haben die Aufgabe, die für die Beurteilung des Einzelfalles wesentlichen Ermittlungen schnell und

---

18 So z. B. § 13 Absatz 1 Satz 3 GnO BW.

19 So § 12 BayGnO.

20 *H. Birkhoff/M. Lemke,* Gnadenrecht, 2012, Rn. 149.

möglichst gleichzeitig vorzunehmen (§ 11 Abs. 1 GnO NW), sofern sie nicht wegen offensichtlicher Aussichtslosigkeit ganz unterbleiben können (§ 11 Abs. 5 GnO NW). Ein solcher Fall eines offensichtlich aussichtslosen Gnadengesuchs kann vorliegen, wenn sich das Gesuch in dem Vorbringen erschöpft, die Bestrafung sei zu Unrecht erfolgt oder die Strafe sei zu streng.

Typische Ermittlungsmaßnahmen sind zunächst die Beiziehung des rechtskräftigen Urteils und ggf. im Vollstreckungsverfahren ergangener Entscheidungen sowie einer aktuellen Auskunft aus dem Bundeszentralregister. Abhängig vom Fall wird es weiter um die Verifizierung des Vorbringens des Gnadenpetenten gehen, zum Beispiel durch ärztliche Atteste oder Bescheinigungen zu Erwerbs- und Vermögensverhältnissen. In geeigneten Fällen ist die Gerichtshilfe[21] zu beauftragen. Die nordrhein-westfälische Gnadenordnung regelt in den §§ 12 und 13 detailliert, wer um Stellungnahme zur Gnadenfrage zu ersuchen ist – im Regelfall Gericht, Staatsanwaltschaft und ggf. Leiter der Vollzugsanstalt oder Vollzugseinrichtung – und wer anzuhören ist (ehrenamtlich mitwirkender Rechtsanwalt; ggf. Bewährungshelfer[22], Führungsaufsichtsstelle[23], Jugendamt oder andere Fachbehörden).

5. *Eigene Entscheidung der Gnadenbehörde oder Bericht an das Justizministerium oder den Ministerpräsidenten*

Eigene Entscheidungskompetenzen hat die Gnadenstelle, soweit nicht höherrangige Entscheidungszuständigkeiten beste-

---

21 Bundesgesetzlich findet die Gerichtshilfe Erwähnung in § 160 Absatz 3 Satz 2 StPO. Durch AV d. JM vom 25. Februar 2008 (4260 – III. 1) in der Fassung vom 13. November 2008 über die „Organisation des ambulanten Sozialen Dienstes der Justiz in Nordrhein-Westfalen“ ist am Sitz eines jeden Landgerichts ein einheitlicher ambulanter Sozialer Dienst eingeführt worden, der aus den Fachbereichen Bewährungshilfe, Führungsaufsicht und Gerichtshilfe besteht.

22 Vgl. Fn. 21.

23 Vgl. Fn. 21.

hen: Sie ist dann ermächtigt, einen Gnadenerweis abzulehnen (§ 17 Abs. 1 GnO NW). Ferner dürfen Gnadenstellen nach Maßgabe der §§ 25 ff. GnO NW die Vollstreckung von nach allgemeinem Strafrecht erkannten Freiheitsstrafen oder Restfreiheitsstrafen von nicht mehr als einem Jahr sowie Geldstrafen und Restgeldstrafen von nicht mehr als 360 Tagessätzen ganz oder teilweise bedingt aussetzen. Für alle anderen Begehren – insbesondere die Aussetzung von Jugendstrafen und höheren Strafen nach Erwachsenenrecht, aber auch die Ermäßigung und den Erlass – bleibt es bei der Gnadenkompetenz des Justizministers[24]. Dass die Gnadenstelle bei einem beabsichtigen Aussetzen eines einmonatigen Fahrverbots dem Justizministerium berichten muss, während sie den Vollzug einer Freiheitsstrafe von einem Jahr unter bestimmten Voraussetzungen eigenständig zur Bewährung aussetzen darf, wird gelegentlich als widersinnig empfunden[25].

Im Bereich des Strafaufschubs und der Strafunterbrechung sind die Vollstreckungsbehörden und die Generalstaatsanwälte zur Erteilung von Gnadenerweisen ermächtigt (§§ 40 ff. GnO NW).

Ist die Gnadenbehörde nur zur Gnadenermittlung berufen, aber nicht entscheidungsbefugt, so berichtet sie nach Abschluss ihrer Ermittlungen unter Beifügung eines eigenen Votums dem Justizministerium oder durch das Justizministerium dem Ministerpräsidenten. Die durch § 16 GnO NW und ein vorgegebenes Formular gezielt strukturierte Berichterstattung – mindestens unter Beifügung der Gnadenakten, der Sachakten und eines aktuellen Auszugs aus dem Bundeszentralregister – dient der Vorbereitung der Gnadenentscheidung.

Innerhalb des Justizministeriums Nordrhein-Westfalen ist die Bearbeitung der Gnadensachen durch Geschäftsverteilungsplan in einem Referat konzentriert, u. a. um eine intensive Befassung mit Gnadenverfahren sicherzustellen. Ist der Ministerpräsident

---

24 *Freuding* (Fn. 2), S. 495.

25 *Freuding* (Fn. 2), S. 495.

zur Entscheidung berufen, nimmt das Justizministerium auf der Grundlage des Berichts der Gnadenstelle – ggf. nach Durchführung eigener ergänzender Erhebungen – ausführlich Stellung.

6. Bekanntmachung

Die Bekanntmachung der Gnadenentscheidung obliegt der Gnadenbehörde, und zwar unabhängig davon, ob sie die Entscheidung selbst getroffen hat oder ob sie der Träger des Gnadenrechts oder der Justizminister getroffen hat (§ 18 Absatz 1, 2 und 5 GnO NW). Lehnt die Gnadenbehörde einen Gnadenerweis ab, soll sie die Entscheidung in geeigneten Fällen kurz begründen (§ 18 Absatz 2 Satz 2 GnO NW). Dieser Sollvorschrift wird in der Praxis der Gnadenstellen zumeist entsprochen. Einzelne Gnadenstellen neigen sogar zu zum Teil recht ausführlichen Begründungen.

7. Einwendungen

Nach ständiger Rechtsprechung des Bundesverfassungsgerichts[26], des Bundesverwaltungsgerichts[27] und der mit Anträgen nach §§ 23 ff. EGGVG befassten Oberlandesgerichte[28] sind ablehnende Gnadenentscheidungen gerichtlich nicht nachprüfbar[29].

---

26 BVerfGE 25, 352 (358 ff.); 30, 108 (110 f.); 45, 187 (242 f.); 66, 337 (363); NJW 2001, 3771.

27 BVerwGE 14, 73 ff.; NJW 1983, 187 (188).

28 In Nordrhein-Westfalen ist für das Verfahren nach §§ 23 ff. EGGVG aufgrund des Landesgesetzes vom 8. November 1960 (GV NW 352) ausschließlich und landesweit das Oberlandesgericht Hamm zuständig. OLG Hamm, NJW 1973, 1090 (1091); JMBl. NRW 1988, 154; OLG Hamburg, NJW 1975, 1985; JR 1977, 255 (256); OLG München, NJW 1977, 115; KG, GA 1978, 14 (15); OLG Saarbrücken, MDR 1979, 338; OLG Stuttgart, NStZ 1985, 331 (332); OLG Celle, Nds. Rpfl. 1996, 310.

29 Seit der 1971 ergangenen Entscheidung BVerfGE 30, 108 ist allerdings in der Rechtsprechung anerkannt, dass der Widerruf eines Gnadenerweises gerichtlicher Kontrolle unterliegt; gemäß § 39 GnO NW ist dem Verfahren nach §§ 23 ff. EGGVG ein Beschwerdeverfahren vorgeschaltet. Zu vom Hessischen Staatsgerichtshof und vom Bayerischen Verfas-

Allerdings sieht § 21 GnO NW die Möglichkeit von Einwendungen gegen eine ablehnende Gnadenentscheidung vor. Abgesehen von Sonderfällen (betreffend Kosten und die Versagung von Strafausstand) entscheidet der Justizminister. Im Justizministerium Nordrhein-Westfalen ist gemäß Geschäftsverteilungsplan das für Gnadensachen zuständige Referat in der Abteilung für Strafrechtspflege zur Entscheidung berufen.

8. Gegenvorstellung, Dienstaufsichtsbeschwerde und Petition

Da auch die ablehnende Entscheidung über Einwendungen nicht gerichtlich nachprüfbar ist, verbleiben einem Gnadenpetenten als formlose Rechtsbehelfe lediglich die Gegenvorstellung und die Sachaufsichtsbeschwerde, mit denen jeweils eine erneute Prüfung der Gnadenfrage (auf höherer Bearbeitungsebene) erreicht werden kann.

Durch Einlegung einer Petition kann der Landtag zwar dazu veranlasst werden, sich mit der Behandlung eines Gnadengesuchs zu befassen. Praxis des Petitionsausschusses des Landtags Nordrhein-Westfalen ist jedoch, dass er entweder von der Einleitung eines Gnadenverfahrens oder von dem Ergebnis eines durchgeführten Gnadenverfahrens Kenntnis nimmt; Empfehlungen an Gnadenbeauftragte, in einem bestimmten Fall eine bestimmte Entscheidung zu treffen, gibt der Petitionsausschuss nicht[30]. Das hat seinen Grund im besonderen Verfassungsrang des Gnadenrechts.

---

sungsgerichtshof aus Besonderheiten der jeweiligen Landesverfassungen abgeleiteten Ausnahmen von der Nichtjustitiabilität vgl. die ausführliche Darstellung bei *Birkhoff/Lemke* (Fn. 20), Rn. 383 ff., 390 ff.

30 Bericht des Landtags vom 17.05.2005 über die Arbeit des Petitionsausschusses in der 13. Wahlperiode, S. 55, abrufbar unter http://www.landtag.nrw.de/portal/WWW/GB_I/I.3/Berichte/Fuenf-Jahres-Bericht,_13._WP.pdf In den folgenden Wahlperioden hat der Petitionsausschuss an dieser Übung festgehalten. Zu der offenbar ähnlich zurückhaltenden Praxis im Bayerischen Landtag vgl. *W. Held,* Gnade und Recht, Festschrift für Walter Odersky zum 65. Geburtstag, 1996, S. 413 (423).

IV. Typische Fallkonstellationen in der Gnadenpraxis

1. Zunächst sei auf einige Fälle eingegangen, die zwar recht häufig vorkommen, aber zumeist nicht zu einem Gnadenerweis führen. Die bloße Beteuerung der Unschuld, der Hinweis darauf, die Strafe sei zu hoch ausgefallen, das Behaupten eines von den Rechtsmittelgerichten angeblich nicht erkannten einfachen Verfahrensfehlers oder der Hinweis auf mit der Inhaftierung üblicherweise einhergehende Wirkungen werden oft keinen Gnadengrund bilden. Auch wenn ein Verurteilter zunächst „den Kopf in den Sand steckt", Bewährungsauflagen trotz wiederholter gerichtlicher Ermahnungen und Androhungen des Widerrufs der Strafaussetzung über einen langen Zeitraum beharrlich ignoriert und erst nach Rechtskraft des Widerrufsbeschlusses seine Leistungswilligkeit beteuert oder sogar durch Teilzahlung andeutet, wird für einen Gnadenerweis im Normalfall eher kein Raum sein.

2. Hingegen kann ausnahmsweise korrigierende Gnade zu erwägen sein, wenn sich erst nach rechtskräftigem Abschluss eines Strafverfahrens herausstellt, dass ein nicht behebbarer Verfahrensmangel vorgelegen hat (Strafverfolgung war verjährt; erforderlicher Strafantrag fehlt). Tritt bei einem Verurteilten eine zum Zeitpunkt des Urteils noch nicht bekannte schwere, die Lebenserwartung deutlich reduzierende Erkrankung auf, kann dies Anlass zu einer Gnadenprüfung geben. Bei über sehr viele Jahre anhaltender Haftunfähigkeit kann, wenn eine Besserung des Gesundheitszustandes amtsärztlich ausgeschlossen wird, ein Gnadenerweis in Betracht zu ziehen sein. Erwägenswert mag ein Gnadenerweis auch sein, wenn sich die wirtschaftliche Situation eines Verurteilten nach dem Urteil derart dramatisch verschlechtert hat, dass trotz gewährter Zahlungserleichterungen gemäß § 459a StPO noch eine ganz besondere und mit dem Urteil nicht intendierte Härte verbleibt. Nicht ganz selten sind auch Fälle, in denen in Folge von Amtsverschulden, Falschberatung oder laienhafter Unkenntnis Führerscheine versehentlich verfrüht – nämlich vor Rechtskraft des Urteils – zum Zwecke der Vollstreckung eines Fahrverbots abgegeben werden.[31]

V. Die tatsächliche Bedeutung des Gnadenverfahrens in Nordrhein-Westfalen

In der nachfolgenden Übersicht werden die zurzeit verfügbaren Zahlen für die Jahre 2007 bis 2011 dargestellt. Die Gnadenstellen in Nordrhein-Westfalen hatten in 2011 2783 Verfahren zu bearbeiten, von denen in diesem Jahr 2067 erledigt wurden. Es setzt sich damit der seit langem bestehende Trend nahezu kontinuierlich (Ausnahmen in 2007 und 2010) rückläufiger Eingangszahlen fort. In 2011 erledigte sich das Gnadenverfahren in 87 Verfahren durch Herbeiführung einer dem Ziel des Gnadenverfahrens entsprechenden gerichtlichen Entscheidung. 539 Verfahren erledigten sich auf andere Weise. Ablehnende Entscheidungen ergingen in 1217 Verfahren. Stattgebende Entscheidungen ergingen in 224 Verfahren – das sind 10,8 %. Nur 24 Gnadenerweise mussten in 2011 widerrufen werden, was belegt, dass Gnadenerweise nicht leichtfertig ausgesprochen werden.

VI. Ausblick

Aufgrund des begrenzten zeitlichen Rahmens sei nur schlaglichtartig auf drei aktuelle Fragestellungen hingewiesen.

1. Ob in die im Schrifttum weiterhin engagiert diskutierte Frage der Justitiabilität von ablehnenden Gnadenentscheidungen[32] – etwa aufgrund der pointierten Darstellung im neuen Handbuch zum Gnadenrecht von *Birkhoff/Lemke* – neue Bewegung kommt und ob sich die gefestigte Rechtsprechung[33] davon beeinflussen lässt, bleibt abzuwarten. Die Anerkennung eines subjektiven Rechts des Antragstellers auf ermessensfehlerfreie, das Willkürverbot beachtende Bescheidung des Antrags hätte jeden

---

31 Vgl. auch *I. E. Fromm,* Gnadenanträge bei Entziehung der Fahrerlaubnis und Fahrverbot, NZV 2011, S. 329 ff.

32 Zum aktuellen Meinungsstand vgl. etwa *A. v. Arnauld,* in: v. Münch/Kunig (Hrsg.), Grundgesetz. Kommentar, 6. Aufl. 2012, Bd. 2, Art. 60 Rn. 11; *R. Böttcher,* Fn. 24, Vor § 12–21 GVG Rn. 17 ff., und besonders ausführlich *Birkhoff/Lemke* (Fn. 20), Rn. 377–426.

33 Vgl. die Nachweise in Fn. 26–28.

Statistik in Gnadensachen
(Entwicklung der Gnadenverfahren in den letzten fünf Jahren)

	2007	2008	2009	2010	2011	
Die Gnadenstellen des Landes NRW hatten insgesamt zu bearbeiten	3.744	3.312	3.066	2.994	2.783	Verf.
davon im jeweils genannten Jahr neu anhängig geworden	2.757	2.505	2.209	2.289	1.950	Verf.
insgesamt wurden erledigt	2.664	2.395	2.303	2.161	2.067	Verf.
ablehnende Entscheidungen ergingen in	1.509	1.449	1.367	1.257	1.217	Verf.
stattgebende Entscheidungen ergingen in	310	290	257	243	224	Verf.
das Gnadenverfahren erledigte sich durch Herbeiführung einer gerichtlichen Entscheidung, die dem Ziel des Gnadenverfahrens entsprach, in	143	110	112	75	87	Verf.
Gnadenverfahren erledigten sich auf andere Weise in	702	546	567	586	539	Verf.
widerrufen werden mussten Gnadenerweise in	36	23	20	21	24	Verf.

falls nicht unerhebliche Auswirkungen auf die Ausgestaltung des Gnadenverfahrens.

2. *Birkhoff/Lemke* plädieren in ihrem neuen Handbuch zum Gnadenrecht auch für eine Lockerung des Grundsatzes der Vertraulichkeit des Gnadenverfahrens und treten für ein Einsichtsrecht des Gesuchstellers und seines Verteidigers in die Gnadenvorgänge ein[34]. Die meisten Gnadenordnungen schließen ein solches Akteneinsichtsrecht aus[35].

---

34 *Birkhoff/Lemke* (Fn. 20), Rn. 210 ff.

35 So auch § 7 Absatz 4 GnO NW; anders aber § 14 der Berliner GnO.

3. In seiner in 2012 erschienenen Monographie mit dem Titel „Begnadigung und Delegation“[36] hinterfragt *Cornelius Böllhoff* die – wie er meint – „stetig ausgeweitete Delegation des Begnadigungsrechts in der landesrechtlichen Praxis auf ministeriale Referate und Staatsanwaltschaften“. Begnadigungsentscheidungen würden in den seltensten Fällen von Amtsinhabern selbst getroffen. Er hält diese Praxis mit den verfassungsrechtlichen Delegationsermächtigungen für unvereinbar. Das Begnadigungsrecht bleibe eine „amtscharismatische Hoheitstätigkeit, die ihren Platz nicht auf funktionaler Ebene haben“ könne. Ob diese Kritik berechtigt ist und zu Änderungen der überkommenen Gnadenpraxis Anlass gibt, wird gründlich zu prüfen sein.

[36] Schriften zum Öffentlichen Recht, Bd. 1218, Duncker & Humblot, Berlin 2012.

Das Gnadenrecht des Bundespräsidenten – eine Bestandsaufnahme

Von *Stefan Ulrich Pieper*[1]

„Art. 60 II greift eines der wichtigsten Vorrechte (und Ehrenrechte) auf, die in den westlichen Verfassungssystemen dem Staatsoberhaupt zustehen."[2] – *Roman Herzog* hatte die wohl einzigartige Gelegenheit, einerseits das Gnadenrecht des Bundespräsidenten, wie es im Grundgesetz vorgesehen ist, zu kommentieren und es andererseits als Staatsoberhaupt selbst auszuüben. In seiner Amtszeit traf Bundespräsident *Herzog* 90 Disziplinargnadenentscheidungen und 21 Strafgnadenentscheidungen.

Das Gnadenrecht erfährt nur selten öffentliche Aufmerksamkeit. Das geschieht immer dann, wenn an der Person des Gnadengesuchstellers oder den Umständen der Tat, wegen derer er verurteilt wurde, ein besonderes Interesse der Öffentlichkeit besteht. Schon früher war dies bei Begnadigungen der Bundespräsidenten für Terroristen der Fall, zuletzt im Jahr 2007, als der Bundespräsident über das Gesuch von Christian Klar zu befinden hatte. Die scharf geführte öffentliche Diskussion endete abrupt, als der Bundespräsident seine Entscheidung bekannt gab.[3]

---

1 Es handelt sich um die aktualisierte und punktuell veränderte Fassung meines Beitrages in *M. Herdegen/H. H. Klein/H.-J. Papier/R. Scholz* (Hrsg.), Staatsrecht und Politik, FS für Herzog, Verlag C. H. Beck 2009, 355; der Beitrag gibt ausschließlich meine persönliche Auffassung wieder. Er beruht auf öffentlich zugänglichen Informationen.

2 *R. Herzog,* in: Maunz/Dürig (Hrsg.), Grundgesetz. Kommentar, Loseblattsammlung, Stand des Gesamtwerks: 66. Aufl. 2012, hier letzte Nachlieferung des Gesamtwerks eingetragen 54. Aufl. 2009, Art. 60 Rn. 25.

3 Pressemitteilung des Bundespräsidialamtes vom 7. Mai 2007, http://www.bundespraesident.de/Journalistenservice/Pressemitteilungen-,11107.637472/Bundespraesident-Horst-Koehler.htm?global.back=/Journalisten

Jenseits dieser aktuellen – auf den Einzelfall bezogenen – Diskussion wirft das Gnadenrecht grundlegende Fragen auf,[4] insbesondere die danach, ob es noch zeitgemäß ist oder ob Gnadenakte gerichtlich nachprüfbar sind. Sie sollen – nach einem kurzen Überblick über den verfassungsrechtlichen Befund des bundespräsidialen Gnadenrechts – Gegenstand des Beitrages sein.

I. Das Gnadenrecht des Bundespräsidenten – ein Überblick

Art. 60 Abs. 2 GG überträgt dem Bundespräsidenten für den Bund die Befugnis der Begnadigung im Einzelfall. Unter Begnadigung wird – formell – die Befugnis verstanden, im Einzelfall rechtskräftig verhängte Strafen ganz oder teilweise zu erlassen, umzuwandeln oder ihre Vollstreckung auszusetzen.[5] Die Begnadigung bezieht sich allein auf die Rechtsfolgen und die Vollstreckung der Entscheidung, sie ändert nichts am strafrechtlichen Schuldspruch.[6]

---

service/-%2c11107%2c0/Pressemitteilungen.htm%3flink%3dbpr_liste%26link.sDateV%3d01.06.+2007%26link.sDateB%3d10.06.2007; vgl. auch *C. Böllhoff,* Begnadigung und Delegation, 2012, S. 60; zu den neueren Ermittlungsmaßnahmen gegen „RAF"-Täter *M. Jahn,* NJW 2008, S. 3197.

4 Zur praktischen Bedeutung der Aussetzung des Strafrestes bzw. der Unterbringung im Gnadenwege vgl. die statistischen Angaben bei http://www.destatis.de/jetspeed/portal/cms/Sites/destatis/Internet/DE/Content/Publikationen/Fachveroeffentlichungen/Rechtspflege/BestandGefangene,property=file.pdf, (Stand 31. März 2007, abgerufen 30. September 2008); vgl. jüngst *S. Wiontzek,* Handhabung und Wirkungen des Gnadenrechts, 2008.

5 BVerfGE 25, 352, 358; *H. Butzer,* in: Schmidt-Bleibtreu/Hofmann/Hopfauf (Hrsg.), Grundgesetz. Kommentar, 12. Aufl. 2012, Art. 60 Rn. 40; *M. Nierhaus,* in: Sachs (Hrsg.), Grundgesetz. Kommentar, 6. Aufl. 2011, Art. 60 Rn. 11; *C. Waldhoff/H. Grefrath,* in: Friauf/Höfling (Hrsg.), Berliner Kommentar zum Grundgesetz, Berlin, Loseblattsammlung (27. Lieferung Juli 2009), Art. 60 Rn. 15; einen prägnanten, sehr kurzen Überblick bietet *K. Leipold,* NJW-Spezial 2007, S. 183.

6 *U. Fink,* in: v. Mangoldt/Klein/Starck (Hrsg.), Grundgesetz, 6. Aufl. 2010, Art. 60 Rn. 28; h.M., vgl. auch *R. Herzog,* in: Maunz/Dürig (Fn. 2), Art. 60. Rn. 26; *I. Pernice,* in: Dreier (Hrsg.), Grundgesetz-Kom-

1. Bundesstaatliche Kompetenznorm

a) Die Vorschrift legt die Organkompetenz fest, nämlich wer im Rahmen der bundesstaatlichen Zuständigkeit das Begnadigungsrecht ausübt. Der Wortlaut „für den Bund“ besagt indes nicht, in welchen Fällen konkret eine Bundeszuständigkeit gegeben ist. Die Befugnis zur Begnadigung ist abhängig von der einfachgesetzlich festgelegten Zuständigkeit für die Strafhoheit: Die Zuständigkeit des Bundespräsidenten im Bereich des Strafgnadenrechts ist gegeben, wenn ein Bundesgericht in erster Instanz oder wenn ein Gericht des Landes „in Ausübung der Gerichtsbarkeit des Bundes“ (Art. 96 Abs. 5 GG; § 452 StPO; §§ 120 Abs. 6, § 142a GVG) geurteilt hat. Heute ist nur noch der letzte Fall gegeben; eine erstinstanzliche Zuständigkeit eines Bundesgerichtes ist gesetzlich nicht mehr vorgesehen. Es handelt sich damit um die Deliktsgruppen im Anwendungsbereich des Art. 26 Abs. 1 GG (Verbot des Angriffskrieges) und der Staatsschutzdelikte.[7] Für diese Delikte sind unter bestimmten Voraussetzungen die Oberlandesgerichte zuständig (§ 142a Abs. 1 Satz 1 GVG, § 120 Abs. 1, 2 und 6 GVG), z. B. wenn der Generalbundesanwalt bei einem Oberlandesgericht Anklage erhebt. Im Kern handelt es sich dabei um Spionage, Landesverrat,[8] Zuwiderhandlungen gegen das Verbot der Bildung terroristischer Vereinigungen[9] und Straftaten gegen das Völkerrecht nach dem Völkerstrafgesetzbuch.[10] Im Ergebnis führt dies dazu, dass die tatsächliche Zahl der potentiellen Strafgnadenverfahren gegenwärtig eher gering ist, aber in Zukunft dann ansteigen könnte, wenn namentlich Verurteilungen wegen der Bildung terroristischer Vereinigungen oder nach dem Völkerstrafgesetzbuch zunehmen.

---

mentar, 2. Aufl. 2006, Art. 60, Rn. 25; *C. Waldhoff/H. Grefrath,* in: Friauf/Höfling (Hrsg.), Berliner Kommentar zum Grundgesetz, Berlin, Loseblattsammlung (27. Lieferung Juli 2009), Art. 60 Rn. 18; im Übrigen s. u. III. 2.

7 Vgl. *U. Fink,* in: v. Mangoldt/Klein/Starck (Fn. 7), Rn. 24.

8 §§ 80–83, 94–100a StGB.

9 Gem. § 129a StGB.

10 Vgl. insbesondere § 6 Völkerstrafgesetzbuch.

b) In allen anderen Fällen des Strafgnadenrechts sind die Länder für die Begnadigung zuständig.[11] Hier liegt die Organkompetenz entweder beim Ministerpräsidenten,[12] dem Senat[13] oder dem Ministerrat[14].

c) Das Begnadigungsrecht erstreckt sich neben der strafrechtlichen Verurteilung auf Nebenstrafen wie z.B. das Fahrverbot gem. § 44 StGB und Nebenfolgen wie den Verlust der Amtsfähigkeit (§ 45 StGB), während Maßnahmen der Besserung und Sicherung (§ 66 StGB) nicht darunter fallen.[15] Einen nicht unerheblichen Anteil an der Gnadenpraxis des Bundespräsidenten haben Gnadenentscheide in Beamten- und Soldatenangelegenheiten (sog. Disziplinargnadenrecht), das sich auf Disziplinarentscheidungen gegen Bundesbeamte (§§ 45 ff. BDG; vgl. auch § 50 BBG) und Soldaten (§§ 68 ff. WDO, vgl. § 5 SG) erstreckt.[16] Von eher zu vernachlässigender Bedeutung sind in der Praxis des Bundespräsidenten dagegen berufsrechtliche Gnadensachen (vgl. §§ 163 i.V.m. 92 ff. BRAO), solche in Ordnungswidrigkeitsangelegenheiten, in denen Bundesbehörden tätig sind, sowie Begnadigungen wegen einer Verwirkung von Grundrechten[17] (Art. 18 GG i.V.m. § 13 Nr. 1, §§ 36 ff. BVerfGG).[18]

---

11 Vgl. *H. Butzer,* in: Schmidt-Bleibtreu/Hofmann/Hopfauf (Fn. 6), Art. 60 Rn. 44.

12 Art. 52 Abs. 1 Verf BW; Art. 47 Abs. 4 Verf Bay; Art. 92 Verf Brb; Art. 109 Verf Hes; Art. 49 Verf M-V; Art. 36 Verf Ns; Art. 59 Verf NW; Art. 112 Verf RP; Art. 67 Verf Sachsen; Art. 85 Verf S-A; Art. 32 Verf S-H; Art. 78 Abs. 2 Verf Th.

13 Art. 68 Verf Berlin; Art. 121 Verf Bremen; Art. 44 Verf HH.

14 Im Saarland ist dies einfachgesetzlich geregelt, vgl. Art. 93 Verf Sa.

15 *R. Herzog,* in: Maunz/Dürig (Fn. 2), Art. 60 Rn. 27; *H. Butzer,* in: Schmidt-Bleibtreu/Hofmann/Hopfauf (Fn. 6), Art. 60 Rn. 47.

16 Dazu *H. Butzer,* in: Schmidt-Bleibtreu/Hofmann/Hopfauf (Fn. 6), Art. 60 Rn. 48.

17 Das BVerfG hat in den angestrengten vier Verfahren – BVerfGE 11, 282; 38, 23; BVerfG, 2 BvA 1/92 und 2 BvA 2/92, unveröffentlicht, zit. nach *M. Pagenkopf,* in: Sachs (Hrsg.), Grundgesetz. Kommentar, 6. Aufl. 2011, Art. 18 Fn. 11 – keine Grundrechtsverwirkung angenommen; zum Verfahren vgl. *H. Hofmann,* in: Schmidt-Bleibtreu/Hofmann/Hopfauf (Hrsg.), Grundgesetz. Kommentar, 12. Aufl. 2012, Art. 18 Rn. 11 ff.

d) Die Norm des Art. 61 GG (sog. Präsidentenanklage) hat weitgehend strafrechtsähnlichen Charakter, auch wenn der Normzweck im Wesentlichen in der verfassungsrechtlichen Präventivfunktion und im Schutz der verfassungsmäßigen Ordnung liegt.[19] Sie ähnelt damit Art. 18 GG. Neben der objektiven Funktion des Art. 61 GG enthält die Regelung eine subjektive Komponente. Der Organwalter muss vorsätzlich handeln.[20] Mit einer Amtsenthebung im Verfahren der Präsidentenanklage ist somit zugleich auch ein auf die Person des Organwalters bezogenes Unwerturteil verbunden, das ihn in hohem Maße inkriminiert.[21] Gleichwohl ist der Fall der Präsidentenanklage gem. Art. 61 GG aus dem Anwendungsbereich des Art. 60 Abs. 2 GG herauszunehmen,[22] d.h. eine Begnadigung auszuschließen. Denn die Begnadigung hat nicht die Funktion, den Schuldspruch zu beseitigen, sondern bezieht sich lediglich auf die Rechtsfolgen. Der mit einer vor dem Bundesverfassungsgericht erfolgreichen Präsidentenanklage verbundene Amtsverlust (§ 56 Abs. 2 S. 2 BVerfGG) lässt sich kaum mit einer Begnadigung rückgängig machen.[23]

2. *Im Einzelfall*

Die Begnadigung durch den Bundespräsidenten hat die Funktion des Straferlasses in Einzelfällen. Ein Straferlass kann allgemein sowohl durch Begnadigung im Einzelfall als auch als generelle Maßnahme durch Amnestie ergehen. Unter Amnestie versteht man im Unterschied zur Begnadigung eine gesetzliche Regelung, die unter den dort festgelegten Voraussetzungen einer

18 *H. Butzer*, in: Schmidt-Bleibtreu/Hofmann/Hopfauf (Fn. 6), Art. 60 Rn. 49 ff. j.m.w.N.

19 *R. Herzog*, in: Maunz/Dürig (Fn. 2), Art. 61 Rn. 10; *H. Butzer*, in: Schmidt-Bleibtreu/Hofmann/Hopfauf (Fn. 6), Art. 61 Rn. 10 m.w.N.

20 *H. Butzer*, in: Schmidt-Bleibtreu/Hofmann/Hopfauf (Fn. 6), Art. 61 Rn. 20.

21 Ebenda, Rn. 10 a.E.

22 So *R. Herzog*, in: Maunz/Dürig (Fn. 2), Art. 60 Rn. 29; ähnlich *I. Pernice*, in: Dreier (Fn. 7) Rn. 24.

23 *R. Herzog*, in: Maunz/Dürig (Fn. 2), Art. 60 Rn. 29.

generell bestimmten Personengruppe Freiheit von Strafe gewährt, d.h. entweder die Vollstreckung ganz bzw. teilweise erlässt oder schon die Einleitung bzw. Weiterführung derartiger Strafverfahren verbietet.[24] Das Amnestierecht steht nicht dem Bundespräsidenten, sondern dem Gesetzgeber zu.[25] Anders als beim Amnestierecht umfasst die Gnadenbefugnis gem. Art. 60 Abs. 2 GG nicht das Recht der Abolition, also die Einstellung bzw. Niederschlagung eines Strafverfahrens durch Exekutive oder Legislative, bevor es rechtskräftig durch die Judikative abgeschlossen wurde.[26] Eine Einzelabolition ist grundgesetzlich ausgeschlossen.[27]

3. Gegenzeichnungsbedürftigkeit von Gnadenerweisen

Ein positiver Gnadenerweis stellt eine Anordnung im Sinne des Art. 58 GG dar und ist somit nominell gegenzeichnungspflichtig.[28] Problematisch wird die Gegenzeichnung dann, wenn Bundespräsident und Bundesregierung im Hinblick auf den Gnadenerweis unterschiedlicher Auffassung sind und das zuständige Mitglied der Bundesregierung die Gegenzeichnung ver-

---

24 BVerfGE 2, 213, 219; *F. Süß*, Studien zur Amnestiegesetzgebung, 2001, S. 74 ff.; *C. Böllhoff*, Begnadigung und Delegation, 2012, S. 41 ff.

25 BVerfGE 2, 213, 220; *C. Waldhoff/H. Grefrath*, in: Friauf/Höfling (Hrsg.), Berliner Kommentar zum Grundgesetz, Berlin, Loseblattsammlung (27. Lieferung Juli 2009), Art. 60 Rn. 24.

26 Vgl. hierzu *J. Schätzler*, Handbuch des Gnadenrechts, 2. Aufl. 1992, Ziff. 1.6.3. ff.

27 *R. Herzog*, in: Maunz/Dürig (Fn. 2), Art. 60 Rn. 31 f.; vgl. auch Art. 52 Abs. 2 Verf BW; Art. 121 Verf Bremen; Art. 44 Abs. 2 S. 2 Verf HH; Art. 109 Verf Hes; Art. 36 Abs. 2 Verf Ns.

28 *R. Herzog*, in: Maunz/Dürig (Fn. 2), Art. 60 Rn. 8, 37; etwa auch *H. Dellmann*, in: Hömig (Hrsg.), Grundgesetz, 9. Aufl. 2010, Art. 58 Rn. 2 – „billigt"; *H. Butzer*, in: Schmidt-Bleibtreu/Hofmann/Hopfauf (Fn. 6), Art. 58 Rn. 42 ff. und Art. 60 Rn. 55 m.w.N. der h.M.; *C. Waldhoff/H. Grefrath*, in: Friauf/Höfling (Hrsg.), Berliner Kommentar zum Grundgesetz, Berlin, Loseblattsammlung (27. Lieferung Juli 2009), Art. 60 Rn. 14 (Fn.14); a.A. *U. Hemmrich*, in: v. Münch/Kunig (Hrsg.) Grundgesetz-Kommentar, 5. Aufl. 2001, Art. 60 Rn. 21 sowie Art. 58 Rn. 16; *K. Stern*, Staatsrecht der Bundesrepublik Deutschland, Bd. II, 1980, S. 265.

weigert.[29] Für einen Anspruch des Bundespräsidenten auf Gegenzeichnung[30] spricht neben der Tradition, dass das Gnadenrecht dem Staatsoberhaupt zusteht[31], vor allem ein sachlogischer Grund: Wenn dem Bundespräsidenten kraft grundgesetzlicher Zuweisung in Art. 60 Abs. 2 GG die Befugnis zur Ausübung des Gnadenrechts zugeordnet wird, würde ein Recht, die Gegenzeichnung zu verweigern, diese Zuordnung konterkarieren. Die Gnadenbefugnis würde zum nudum ius. In allen Fällen, vor allem wenn sich der Bundespräsident selbst ein Bild vom Gnadengesuchsteller macht,[32] ist seine höchstpersönliche[33] Entscheidung Ergebnis seiner eigenen Befassung, seiner unmittelbaren Eindrücke und seiner Einschätzungen. Angesichts des höchstpersönlichen Charakters der Gnadenentscheidung kommt es auf seine Überzeugung an. Die Funktion der Gegenzeichnung besteht maßgeblich darin, die mangelnde parlamentarische Verantwortung des Bundespräsidenten zu kompensieren.[34] (Verfassungs-)rechtlich muss der Bundespräsident für seine Ent-

---

29 Aus der Praxis ist indes anzumerken, dass kontroverse Einschätzungen von Gnadengesuchen nur ganz selten sind. Zutreffend *R. Herzog,* in: Maunz/Dürig (Fn. 2), Art. 60 Rn. 38 zu dem Fall, dass der Bundespräsident einem gegengezeichneten positiven Gnadenvotum einer Gnadenbehörde (also durch einen Ressortminister) nicht entsprechen muss, sondern dem Gesuch seine eigene Einschätzung zugrunde legen kann.

30 So *S. Pieper,* in: Epping/Hillgruber (Hrsg.), Beckscher Online Kommentar zum Grundgesetz, 17. ed. Stand 01.01.2013, Art. 58 Rn. 8.

31 So *Hemmrich* in: v. Münch/Kunig (Fn. 29), Rn. 21.

32 Insbesondere bei Gnadengesuchen von Verurteilten, die wegen schwerwiegender Taten verurteilt worden sind, existiert eine Staatspraxis, nach der sich der Gnadenherr höchstselbst – auch durch ein Treffen mit dem Gesuchsteller – ein Bild macht: So traf sich Bundespräsident *R. von Weizsäcker* mit zwei später von ihm Begnadigten; Ministerpräsident *Bernhard Vogel* traf sich eigenen Aussagen zufolge selbst mit Gnadengesuchstellern, die eine lebenslange Freiheitsstrafe zu verbüßen hatten, vgl. http://www.dradio.de/dlf/sendungen/hintergrundpolitik/623621/ (geprüft: 28.02.2013).

33 Vgl. hierzu die zutreffende Darstellung bei *H. Butzer,* in: Schmidt-Bleibtreu/Hofmann/Hopfauf (Fn. 6), Art. 58 Rn. 42 ff.; zutreffend auch *C. Böllhoff,* Begnadigung und Delegation, 2012, S. 47 f. und ff.

34 *S. Pieper,* in: Epping/Hillgruber (Hrsg.), Beckscher Online Kommentar zum Grundgesetz, 17. ed. Stand 01.01.2013, Art. 58 Rn. 1.

scheidungen selbst einstehen, wie sich einerseits aus Art 61 GG, andererseits aus der Beteiligtenfähigkeit des Bundespräsidenten im Organstreitverfahren vor dem Bundesverfassungsgericht ergibt. Die Gegenzeichnung beinhaltet bei den dem Bundespräsident „exklusiv" zustehenden Befugnissen eine verfahrensrechtliche Komponente, die in der Information der Regierung über Entscheidungen des Bundespräsidenten besteht. Darin spiegelt sich zugleich die Zugehörigkeit des Bundespräsidenten zur Gubernative.[35] Auch die politische Kontrolle von Handlungen des Bundespräsidenten durch das Parlament über das gegenzeichnende Regierungsmitglied spielt angesichts der öffentlichen Kontrolle staatlicher Entscheidungen durch Öffentlichkeit und Medien keine so entscheidende Rolle mehr. Und wofür wollte ein Regierungsmitglied politisch vor dem Bundestag einstehen, wenn sich der Bundespräsident einen höchstpersönlichen Eindruck verschafft und diesen seiner Entscheidung zugrunde gelegt hat?[36] In Anbetracht dessen kann die Bundesregierung die Gegenzeichnung eines Gnadenerweises kaum verweigern; soweit ersichtlich, ist in der Praxis eine Gegenzeichnung bislang nicht verweigert worden.

4. *Delegationsbefugnis*

Nach Art. 60 Abs. 3 GG kann der Bundespräsident seine Gnadenbefugnis auf andere Behörden übertragen.[37] Davon hat er mit der „Anordnung des Bundespräsidenten über die Ausübung des Begnadigungsrechts des Bundes" vom 5. Oktober 1965[38] Gebrauch gemacht. Darin ist zum einen festgeschrieben, welche Fallgestaltungen in die Zuständigkeit des Bundes fallen

---

35 *S. Pieper*, in: Epping/Hillgruber (Hrsg.), Beckscher Online Kommentar zum Grundgesetz, 17. ed. Stand 01.01.2013, Art. 54 Überblick.

36 So auch *H. Butzer*, in: Schmidt-Bleibtreu/Hofmann/Hopfauf (Fn. 6), Art. 58 Rn. 46.

37 Hierzu aktuell *C. Böllhoff*, Begnadigung und Delegation, 2012, S. 74 ff. und passim.

38 BGBl. I Seite 1573, in der Fassung der Anordnung vom 3. November 1970 (BGBl. I Seite 1513).

(vgl. Art. 60 Abs. 2 GG) und zum anderen die Übertragung von Gnadenbefugnissen des Bundespräsidenten auf Bundesbehörden geregelt. Gem. Art. 1 der Anordnung hat sich der Bundespräsident insbesondere den Erlass oder die Milderung einer Strafe vorbehalten,

- wenn der Bundesgerichtshof oder in Ausübung von Gerichtsbarkeit des Bundes ein Oberlandesgericht im ersten Rechtszuge oder
- wenn ein anderes Gericht des Bundes erkannt hat, mit Ausnahme der Gewährung von Strafausstand, sowie
- die Beseitigung der dienst- oder versorgungsrechtlichen Folgen einer strafgerichtlichen Verurteilung,
- die Aufhebung der Disziplinarmaßnahmen Entfernung aus dem Dienst oder dem Dienstverhältnis, Aberkennung des Ruhegehalts oder Aberkennung der Rechte aus dem Gesetz zur Regelung der Rechtsverhältnisse der unter Art. 131 GG fallenden Personen sowie
- die Gewährung eines Unterhaltsbeitrags.

Seiner eigenen Entscheidung vorbehalten ist ebenfalls die Aufhebung der gegen einen Rechtsanwalt beim Bundesgerichtshof erkannten Ausschließung aus der Rechtsanwaltschaft. Im Übrigen hat der Bundespräsident die Gnadenbefugnisse auf die jeweils zuständigen Dienstherren (Art. 2 der Anordnung) übertragen und zur weiteren Delegation ermächtigt (Art. 3 der Anordnung).

II. Gnade

Art. 60 Abs. 2 GG spricht lediglich vom Begnadigungsrecht und gibt keine Auskunft über die inhaltlichen Kriterien, die für die Gnadenentscheidung maßgeblich sein sollen: Welche Voraussetzungen müssen in der Person und im jeweiligen Einzelfall erfüllt sein, damit ein positiver Gnadenentscheid ergehen kann? Das Grundgesetz schweigt sich hierüber aus und es hilft auch wenig, darauf abzustellen, dem Gnadenherren eine Art „Entschließungsermessen“ und ein Ermessen auch hinsichtlich Reichweite und Umfang des Straferlasses einzuräumen.[39] Das Bundesverfassungsgericht hat in seiner nach wie vor maßgeblichen Entscheidung darauf abgestellt, der Grundgesetzgeber habe in Art. 60 Abs. 2 GG das Institut des Begnadigungsrechts in seinem historisch überkommenen Sinn übernommen; die Vorschrift sei dem Art. 49 Abs. 1 WRV nachgebildet, der seinerseits an den Rechtszustand im Kaiserreich anknüpfte.[40]

1. Herkunft des Gnadenrechts[41]

Das Gnadenrecht wird auf das Entstehen beständiger staatlicher Organisationsformen[42] schon in der Antike zurückgeführt. Es wurde unmittelbar beim Herrscher angesiedelt.[43] Das frühe Christentum leitete dagegen die Befugnis zur Begnadigung aus der göttlichen Gnade ab. Damit wurde das christliche Verständnis vom Gnadenrecht über das Mittelalter bis in die Neuzeit bestimmend. Zudem beanspruchte die Kirche das Gnadenrecht auch gegenüber der weltlichen Gerichtsbarkeit (Interzessionsrecht). Das Gnadenrecht trat neben das kirchliche Asylrecht, das ebenfalls aus der Antike überkommen war. Zusätzlich entwickelte sich das Instrument der Amnestie.[44] Im späten Mittelalter verbreitete sich der Rechtsbrauch des „Richtens nach Gnade". Namentlich die deutschen Stadtrechte erlaubten dem Richter, von der verwirkten Lebens- oder Leibesstrafe abzusehen

---

39 *H. Butzer,* in: Schmidt-Bleibtreu/Hofmann/Hopfauf (Fn. 6), Art. 60 Rn. 53; *Jarass/Pieroth,* Grundgesetz, 12. Aufl. 2012, Art. 60 Rn. 4.

40 BVerfGE 25, 352, 358; *C. Waldhoff/H. Grefrath,* in: Friauf/Höfling (Hrsg.), Berliner Kommentar zum Grundgesetz, Berlin, Loseblattsammlung (27. Lieferung Juli 2009), Art. 60 Rn. 23.

41 Vgl. zum Folgenden *A. Klein,* Gnade – ein Fremdkörper im Rechtsstaat?, 2001, S. 3 ff. m.w.N. sowie *C. Mickisch,* Die Gnade im Rechtsstaat, 1994, S. 32 ff. sowie die Übersicht bei *H. Birkhoff/M. Lemke,* Gnadenrecht – Handbuch, 2012, I Rn. 1–16.

42 Vgl. hierzu *R. Herzog,* Staaten der Frühzeit, 1988.

43 Vgl. *W. Grewe,* Recht und Gnade, 1936, S. 59 ff.; instruktiv dazu jüngst *C. Böllhoff,* Begnadigung und Delegation, 2012, S. 20 ff.

44 *F. Süß,* Studien zur Amnestiegesetzgebung, 2001.

und die Lösung durch Geld zuzulassen.[45] Dies führte allerdings vielfach zu Willkür, weil der ökonomische Aspekt der Gnade im Vordergrund stand; in der Folge wurde das Richten nach Gnade eingeschränkt: Wie in Art. 150 der Constitutio Criminalis Carolina war das Ziel der Rechtsreformen des 16. Jahrhunderts eine Trennung von Richteramt und Gnadenhoheit.[46] Mit dem Preußischen Allgemeinen Landrecht von 1794[47] erreichte die staatsrechtliche Entwicklung den Rechtszustand, der bis heute gilt: Die Ausübung des Begnadigungsrechtes wird als alleiniges Recht des Staatsoberhaupts bzw. der Regierung ausgewiesen.[48] Gnade wurde als eine im Hoheitsrecht des Fürsten (Souveräns) notwendig enthaltene Befugnis angesehen,[49] die sich – so die überwiegende Zahl der zeitgenössischen Rechtsphilosophen – die Straftäter verdienen sollten.[50] Dabei war das Gnadenrecht rechtsphilosophisch seit der Aufklärung heftig umstritten:

---

45 Vgl. dazu *E. Schmidt,* Einführung in die Geschichte der deutschen Strafrechtspflege, 1995, § 56 (S. 69 ff.); *N. Bulst,* Richten nach Gnade oder nach Recht. Zum Problem der spätmittelalterlichen Rechtsprechung, in: Arlinghaus/Baumgärtner/Colli/Lepsius/Wetzstein (Hrsg.), Praxis der Gerichtsbarkeit in Europäischen Städten des Spätmittelalters, 2006, S. 465 ff. m.w.N.: Der Gnadenerweis nach der Verurteilung gehörte in der Regel zum Strafverfahren und galt als Ausdruck richterlicher Barmherzigkeit, ebenda S. 477.

46 Vgl. etwa die Darstellung bei *R. Just,* Recht und Gnade in Heinrich von Kleists Schauspiel „Prinz Friedrich von Homburg", 1991, S. 67 ff. m.w.N.

47 §§ 9, 10 und 11, Zweyter Theil, Titel 13 ALR.

48 *R. Just,* Recht und Gnade in Heinrich von Kleists Schauspiel Recht und Gnade in Heinrich von Kleists Schauspiel, 1991, S. 69 f. m.w.N.; *H. Rüping,* Die Gnade im Rechtsstaat, FS Schaffstein 1975, S. 31 f.; s.a. den knappen Überblick bei *H. Birkhoff/M. Lemke,* Gnadenrecht – Handbuch, 2012, I Rn. 17–27.

49 Vgl. *J. Moser,* Von der Landeshoheit in Regierungssachen ueberhaupt, besonders auch in Ansehung derer landesherrlichen Raths-Collegien, Beamten, Geseze usw. .../Johann Jacob Moser. – Neudr. d. Ausg. 1772, 1967, 63 ff.

50 *R. Just,* Recht und Gnade in Heinrich von Kleists Schauspiel „Prinz Friedrich von Homburg", 72 mw.N. der zeitgenössischen Literatur in Fn. 51.

Während Kant das Begnadigungsrecht als das „schlüpfrigste" Recht des Souveräns ablehnt,[51] sieht Hegel im Begnadigungsrecht des Monarchen die höchste Anerkennung der Macht des Geistes.[52] Beide Positionen sind repräsentativ für die Auffassungen im ausgehenden 18. und im 19. Jahrhundert. Dabei führten die Trennung des Gnadenrechts vom Richteramt und seine Einordnung als alleinige Befugnis des Monarchen keineswegs zu einer willkürfreien Ausübung.[53] Das Begnadigungsrecht wurde später in allen Verfassungen der deutschen Staaten des 19. Jahrhunderts und auch in der Verfassung des Kaiserreiches als Prärogative des Monarchen anerkannt.[54] Damit ging eine weitgehende Entmystifizierung der Gnade einher:[55] Nicht mehr Güte, Milde und monarchische Zuwendung sollten entscheidend für den Gnadenerweis sein. Er stand vielmehr im öffentlichen Interesse einer geordneten Strafrechtspflege und erging um einer höheren Gerechtigkeit willen.[56] Trotz dieser Entwicklung hafteten dem Gnadenrecht auch damit weiter Elemente monarchischer Gunst, Barmherzigkeit und Wohlwollens an.[57] Trotzdem überdauerte das im Hoheitsrecht des Monarchen wurzelnde Begnadigungsrecht ohne rechtlich einengende Fassung die Entwick-

---

51 *I. Kant,* Metaphysik, Theil 2, Abschnitt 1 § 49 II.

52 *G. Hegel,* Grundlinien der Philosophie des Rechts, 1821, § 239, zitiert nach http://www.zeno.org/Philosophie/M/Hegel,+Georg+Wilhelm+Friedrich/Grundlinien+der+Philosophie+des+Rechts/Driter+Teil.+Die+Sittlichkeit/Dritter+Abschnitt.+Der+Staat/A.+Das+Innere+Staatsrecht/I.+Innere+Verfassung+f%C3%BCr+sich/a.+Die+f%C3%BCrstliche+Gewalt.

53 Vgl. hierzu anschaulich jüngst *Bernd Hesse* Die Kriminalerzählung „Das Fräulein von Scuderi" als Spiegel des Richteramts E. T. A. Hoffmanns, NJW 2008, 698, S. 702.

54 BVerfGE 25, 352, 359.

55 So schon *O. Loening,* DJZ 1896, S. 431.

56 Vgl. *R. Köstlin,* System des deutschen Strafrechts Allgemeiner Teil, 1855, S. 643; *L. v. Bar,* Die Befreiung von Schuld und Sühne durch das Strafgesetz, 1909, S. 477.

57 BVerfGE 25, 352, 359 verweist auf die Einzelbegnadigung von 24.000 Personen durch Wilhelm II. anlässlich seines 25. Regierungsjubiläums.

lung des demokratischen Rechtsstaates im 20. Jahrhundert sowohl im Rahmen der Weimarer Reichsverfassung als auch bei der Entstehung des Grundgesetzes. Es findet sich positiv verfassungsrechtlich nicht nur in Art. 60 Abs. 2 GG niedergelegt, sondern auch in den Landesverfassungen.[58] Allerdings stellte das Bundesverfassungsgericht fest, dass die Übernahme und Übertragung des Gnadeninstituts durch Weimarer Reichsverfassung und Grundgesetz auf das demokratische Staatsoberhaupt[59] – ohne nähere Umschreibung und Normierung – zur Folge haben müsse, dass das irrationale Element entfallen sei, weil dieses in einer modernen demokratischen Gesellschaft keinen Platz mehr haben könne.[60]

2. Begriff der Gnade

a) Der Begriff der Gnade ist im Grundgesetz selbst nicht näher bestimmt, steht zwar – folgt man dem Bundesverfassungsgericht – in einer verfassungshistorischen Tradition, ist aber demokratisch-rechtsstaatlich modifiziert: Befreit von seinem monarchisch, göttlich geprägten Kontext bezieht er sich allein auf die Bestrafung in einem weit gefassten Sinne, wird „zum Korrelat der Strafe".[61] Das Begnadigungsrecht erfüllt demnach nur noch die Funktion, die Härten des Gesetzes, etwaige Irrtümer der Urteilsfindung sowie Unbilligkeiten bei nachträglich veränderten allgemeinen oder persönlichen Verhältnissen auszugleichen.[62] Diese funktionale Betrachtung gibt indes keine konkrete Auskunft darüber, wie der Maßstab für einen Gnadenerweis zu bestimmen ist und von welchen Voraussetzungen und Bedingungen es abhängt, dass Gnade erwiesen wird.[63]

---

58 s.o. Fn. 12.

59 Zur Entstehungsgeschichte vgl. *E. Menzel,* in: Kahl/Waldhoff/Walter (Hrsg.), Bonner Kommentar zum Grundgesetz, Loseblattsammlung, Stand des Gesamtwerks: 159. Ergänzungslieferung 2012, hier letzte Nachlieferung des Gesamtwerks: 12. Ergänzungslieferung 1964, Art. 60 Ziff. 2 (1. Bearbeitung).

60 BVerfGE 25, 352, 359 f.

61 BVerfGE 25, 352, 360.

62 BVerfGE 25, 352, 360.

b) Auf Bundesebene gibt es – anders als in den Ländern[64] – keine Rechtsvorschriften, nach welchen Kriterien über ein Gnadengesuch zu entscheiden ist; doch haben sich – orientiert an der Verfassungsrechtsprechung – im Rahmen der Staatspraxis ungeschriebene Grundsätze entwickelt. Die vom Bundesverfassungsgericht gegebene Definition lässt zunächst eine Differenzierung nach Gesichtspunkten, die eher „objektiv" und unabhängig von der Person des Gesuchstellers vorliegen („Härten des Gesetzes, etwaige Irrtümer der Urteilsfindung, Unbilligkeiten bei nachträglich veränderten allgemeinen Verhältnissen") und solchen Gründen, die in der Person des Gesuchstellers begründet sind („Unbilligkeiten bei nachträglich veränderten persönlichen Verhältnissen"). So wird oftmals auch zwischen „korrigierender" und „echter" Gnade unterschieden.[65]

aa) „Korrigierende Gnadenerweise" sind solche Entscheidungen, die etwa ein „falsches" Urteil aufheben bzw. die Folgen einer „ungerechten" Strafe mildern. Hierher gehören auch solche Fälle, in denen Mängel der Strafrechtspflege nachträglich offenbar werden, also Mängel in der Gesetzgebung und solche der Rechtsprechung im Einzelfall. Bei Mängeln in der Gesetzgebung kommt es nicht auf die rechtliche Beurteilung der Begnadigungsinstanz an, sondern vielmehr auf eine allgemeine politische Wertung, die sich in der Regel darin niederschlägt, dass ein Strafgesetz zwischenzeitlich geändert wurde. In diesen Fällen steht einer korrigierenden Begnadigung kein einfachgesetzlicher strafrechtlicher Hinderungsgrund entgegen.

In der Gnadenpraxis relevanter ist die Ausübung von Gnade bei Mängeln der Rechtsprechung im Einzelfall. Hierbei muss außer Betracht bleiben, wenn die Gnadeninstanz lediglich Feh-

---

63 *J. Schätzler,* Handbuch des Gnadenrechts, 2. Aufl. 1992, Ziff. 6.1. ff. bezeichnet dies zusammenfassend als Motivation der Gnadenentscheidung; *H. Birkhoff/M. Lemke,* Gnadenrecht – Handbuch, 2012, III, Rn. 216 ff.

64 s.u. II. 2. b) dd).

65 Ausführlich *J. Schätzler,* Handbuch des Gnadenrechts, 2. Aufl. 1992, Ziff. 6.2.1. ff. und 6.3. ff.; *H. Birkhoff/M. Lemke,* Gnadenrecht – Handbuch, 2012, III, Rn. 218.

ler von Ermittlungen sieht, weil für solche Fälle strafprozessual die Wiederaufnahme des Verfahrens in Betracht kommt (§ 359 ff. StPO). Auch auf Mängel bei der Auslegung der Gesetze durch das Strafgericht kommt es nicht an, wenn das fragliche Urteil der herrschenden Rechtsansicht entspricht. Die Rechtsauffassung der Begnadigungsinstanz ist insoweit irrelevant. Eine Begnadigung ist aber dann möglich, wenn die Rechtspraxis nachträglich im Sinne der Gnadeninstanz geändert worden ist.

bb) Die echte Gnadenentscheidung führt hingegen zur Milderung oder Aufhebung der Folgen einer an sich „rechtmäßigen Bestrafung". Für die Gnadenpraxis relevant sind in diesem Zusammenhang im Wesentlichen die Fälle einer Korrektur der Rechtsfolgenfestsetzung. Erscheint diese zum Zeitpunkt des Gnadengesuches fehlsam und ungerecht, weil es bedeutende Veränderungen der Verhältnisse des Verurteilten oder vielleicht auch der gesellschaftlichen Umstände gibt, ist eine Begnadigung möglich.

cc) In der Praxis hat sich für die zuvor genannten Punkte die Prüfungsformel herausgebildet, die danach fragt, ob der Gesuchsteller „gnadenbedürftig" und „gnadenwürdig" ist.[66] Auch wenn beide Kriterien personale Aspekte des Gnadengesuchstellers ansprechen, bezieht sich die „Gnadenwürdigkeit" in erster Linie auf die inneren Einstellungen des Gesuchstellers[67], während die „Gnadenbedürftigkeit" eher auf äußere, den Gesuchsteller betreffende Umstände abhebt.

Praktisch schwierig ist vor allem die Beurteilung der Gnadenwürdigkeit. Denn sie bezieht sich auf Persönlichkeit und Charakter des Gesuchstellers, auf sein Verhalten im Strafverfahren und in Bezug auf die jeweilige Tat und deren Unwertgehalt sowie seinen Lebenswandel im Anschluss an die Strafe. Regelmäßig spielen bei der Gnadenentscheidung etwa[68] folgende Aspek-

---

66 Vgl. *J. Schätzler,* Handbuch des Gnadenrechts, 2. Aufl. 1992, Ziff. 6.4. ff.

67 *J. Schätzler,* Handbuch des Gnadenrechts, 2. Aufl. 1992, Ziff. 6.4.: „Person und Lebenskreis des Verurteilten".

68 Ohne Anspruch auf Vollständigkeit.

te eine Rolle: Aufrichtige Reue und Einsicht, Bedauern, Empathie mit den Opfern,[69] Wiedergutmachung des entstandenen Schadens, gute Führung im Strafvollzug, ggf. Änderung des Lebensstils (neue Existenz und Umgebung, Heirat, geachtete Stellung im Beruf), Änderung des persönlichen Verhaltens.[70] Auch die Prognose, dass der Gesuchsteller zu der Einsicht gekommen und fähig sei, in Zukunft ein geordnetes und rechtstreues Leben zu führen, ist von Bedeutung.

dd) Anders als auf Bundesebene haben die meisten Länder in Form von Allgemeinen Verfügungen bzw. Anordnungen der Landesregierungen Gnadenordnungen erlassen. Dabei handelt es sich um Verwaltungsvorschriften über das Verfahren in Gnadensachen. Sie gelten lediglich im Innenverhältnis für die mit Gnadenverfahren befassten Behörden und haben somit mangels Außenwirkung keinen echten normativen Charakter.[71] Die Gnadenordnungen sind über die Ländergrenzen hinweg gleichartig oder ähnlich, möglicherweise weil sie sich an die Reichsgnadenordnung von 1935 anlehnen. Außer in Hamburg und im Saarland gibt es mittlerweile in allen Ländern Gnadenordnungen. Die Gnadenordnungen enthalten in erster Linie Regelungen über den Verfahrensablauf bei Gnadengesuchen. Materielle Kriterien für einen Gnadenerweis sind die Ausnahme. Die detaillierteste Regelung findet sich insoweit in § 14 der niedersächsischen Gnadenordnung. Danach kann ein Gnadenerweis in Betracht kommen, wenn

> „a) Gründe des Rechts eine Änderung oder Milderung der Entscheidungsfolgen gebieten oder
>
> b) erhebliche Gnadengründe vorliegen, denen gegenüber die Schuld des Täters sowie die Verteidigung der Rechtsordnung, die Wiederher-

---

[69] Zum strafrechtlichen Täter-Opfer-Ausgleich vgl. § 46a StGB.

[70] Bspw. – auch wenn die Nebenstrafe regelmäßig nicht in die Gnadenkompetenz des Bundespräsidenten fällt – etwa Enthaltung von Alkoholgenuss bei vorherigem Führerscheinentzug.

[71] *J. Schätzler,* Handbuch des Gnadenrechts, 2. Aufl. 1992, Ziff. 1.5.4.; *H. Birkhoff/M. Lemke,* Gnadenrecht – Handbuch, 2012, I, Rn. 104 und ff.

stellung des Rechtsfriedens, die Wirkung der Bestrafung auf Dritte und andere Strafzwecke im Einzelfall zurücktreten; solche Gründe können sich insbesondere ergeben aus der Eigenart und den besonderen Anlagen des Verurteilten, seinem Vorleben, den Umständen seiner Tat, seinem Verhalten vor und nach der Tat sowie im Strafvollzug und während anderer unmittelbar vorausgegangener Freiheitsentziehungen, seinen Lebensverhältnissen und schließlich aus den von dem Gnadenerweis zu erwartenden Wirkungen auf den Verurteilten."

Allerdings sollen Gnadenerweise Ausnahmecharakter haben, die insbesondere dazu dienen, Unbilligkeiten bei nachträglich bekannt gewordenen oder eingetretenen allgemeinen oder persönlichen Umständen auszugleichen; auch rechtliche Gründe können eine Änderung oder Milderung der Rechtsfolgen gebieten.[72] Verwiesen wird indes auch darauf, dass ein Gnadenerweis nicht in Betracht kommt, wenn die Rechtsordnung unerträglich verletzt würde.[73] Bei einer gnadenweisen Strafaussetzung zur Bewährung formulieren die überwiegende Zahl der Gnadenordnungen zusätzliche Voraussetzungen, die sich meist an den Bewährungsvorschriften des StGB (§§ 56 ff.) orientieren.[74] Zudem lassen sich aus den Verfahrensvorschriften der Gnadenordnungen zumindest indirekt materielle Kriterien für Gnadenentschei-

---

72 In diesem Sinne Punkt 4 der rheinland-pfälzischen Gnadenordnung und § 3 der sächsischen Gnadenordnung.

73 Punkt 4 der rheinland-pfälzischen Gnadenordnung.

74 Vgl. exemplarisch § 23 der niedersächsischen Gnadenordnung: „(1) Die Vollstreckung von zeitigen Freiheits- oder von Geldstrafen kann im Gnadenwege unter Bewilligung einer Bewährungszeit ausgesetzt werden, wenn erwartet werden kann, dass schon die Verurteilung dem Verurteilten zur Warnung dienen und er sich künftig auch ohne die Einwirkung des Strafvollzuges ordentlich führen, insbesondere keine Straftaten mehr begehen wird. Die Vollstreckung des Restes einer zeitigen Freiheitsstrafe kann unter Bewilligung einer Bewährungszeit ausgesetzt werden, wenn verantwortet werden kann zu erproben, ob der Verurteilte sich außerhalb des Strafvollzuges ordentlich führen, insbesondere keine Straftaten mehr begehen wird. (...) (3) Ist die Verfehlung auf eine verbrecherische Neigung zurückzuführen oder ist der Verurteilte erheblich vorbestraft, wird Strafaussetzung für die gesamte Strafe regelmäßig nicht, für einen Strafrest nur in Ausnahmefällen gewährt werden können."

dungen ableiten.[75] Dies gilt auch für die Berichtspflichten[76] der zuständigen Gnadenbehörde und die Anhörungspflichten.[77]

---

[75] So schreibt die rheinland-pfälzische Gnadenordnung vor:

12.1 Bei Verurteilten, die eine lebenslange Freiheitsstrafe zu verbüßen haben, ist ein Gutachten einzuholen, ob nach der bisherigen Entwicklung des Verurteilten eine einwandfreie und insbesondere straffreie Führung in Freiheit zu erwarten ist (Kriminalitätsprognose).

12.2 Mit der Erstattung des Gutachtens ist der Psychologe zu beauftragen, der für die Justizvollzugsanstalt zuständig ist, in der der Verurteilte einsitzt. Sofern sich der Verurteilte vorübergehend in einem psychiatrischen Krankenhaus befindet, ist der Leiter dieses Krankenhauses um die Gutachtenerstattung zu ersuchen.

[76] Rheinland-pfälzische Gnadenordnung, „26.1 Der Ministerpräsident ist zur Vorbereitung der ihm obliegenden Gnadenentscheidungen über die von Gerichten des Landes Rheinland-Pfalz in Ausübung von Gerichtsbarkeit des Landes zu lebenslanger Freiheitsstrafe Verurteilten regelmäßig zu unterrichten. Die Gnadenbehörde berichtet daher dem Ministerium für Justiz nach Maßgabe der Nummern 26.2 bis 26.9.

26.2. Zu berichten ist über

26.2.1 Verurteilung und Rechtskraft des Urteils

26.2.2 Dauer der Untersuchungs- und Strafhaft,

26.2.3 Täterpersönlichkeit (allgemeine Kennzeichnung, Vorstrafen oder sonstige auffällige Vorkommnisse),

26.2.4 Herkommen, Schul- und Berufsbildung, Beruf oder Beschäftigung,

26.2.5 Familienstand und Familienverhältnisse,

26.2.6 die der Verurteilung zugrunde liegende Tat (kurze Schilderung),

26.2.7 Verhalten während der Strafhaft,

26.2.8 Entwicklung der Persönlichkeit in der Strafhaft, insbesondere Einstellung zur Tat,

26.2.9 körperlich-geistige Verfassung,

26.2.10 Prognose über künftiges Verhalten in der Gesellschaft auf der Grundlage eines Gutachtens entsprechend den Nummern 12.1 und 12.2“.

[77] Beispielsweise sieht § 13 der bayrischen Gnadenordnung vor:

„(2) Befindet sich der Verurteilte in Strafhaft, so bittet die Staatsanwaltschaft in der Regel die Leiterin oder den Leiter der Justizvollzugsanstalt um Stellungnahme zu dem Gnadengesuch. Die Stellungnahme soll vor allem darüber Auskunft geben, wie sich der Verurteilte in der Strafhaft führt, welche Wirkungen der Strafvollzug auf ihn hat und ob er im Fall seiner Entlassung voraussichtlich eine geeignete Unterkunft und Arbeit finden wird. Entsprechendes gilt, wenn eine mit Freiheitsentziehung verbundene Maßregel der Besserung und Sicherung vollzogen wird.“ Ähnlich (und ergänzend) § 18 der baden-württembergischen Gnadenordnung:

In formeller Hinsicht ergeben sich aus den Gnadenordnungen – abgesehen von den Verfahrensvorschriften – ebenfalls nur wenige Voraussetzungen. Überwiegend können Gnadengesuche von Jedermann frist- und formlos (schriftlich, mündlich oder zu Protokoll einer Geschäftsstelle) gestellt werden, teilweise jedoch nicht mündlich (z. B. § 6 Abs. 3 Gnadenordnung Bayern). Eine Pflicht zur Begründung lässt sich den Gnadenordnungen nur vereinzelt mittelbar entnehmen.[78] Erwähnenswert ist, dass bis auf Punkt 26.2.8 der rheinland-pfälzischen Gnadenordnung die Gnadenordnungen der Länder keinerlei Hinweis darauf enthalten, dass etwa Reue bzw. generell eine gewandelte Einstellung des Gnadengesuchstellers zur Tat Voraussetzung für einen Gnadenerweis ist.

c) Zur Staatspraxis des Gnadenrechts zählt auch der Verfahrensgrundsatz, dass zunächst der Rechtsweg erschöpft sein muss und die Verurteilung rechtskräftig ist.[79] Zudem soll das Urteil zunächst Wirkung entfalten. Dementsprechend sieht die Staatspraxis regelmäßig vom Erlass eines Gnadenaktes in unmittelbarer zeitlicher Nähe zur Rechtskraft des Urteils ab, die Einleitung eines Gnadenverfahrens wird abgelehnt.

d) Anders als in den Ländern gibt es auf Bundesebene keine generelle Gnadenordnung. Die Staatspraxis hat für das Gnaden-

„(3) […] In ihren Stellungnahmen zur Gnadenfrage sollen das Gericht, der Leiter der Staatsanwaltschaft und der Leiter der Justizvollzugsanstalt oder Einrichtung sich auch darüber äußern, ob und gegebenenfalls welche Auflagen und Weisungen für den Fall der Bewilligung eines Gnadenerweises vorgeschlagen werden."

78 So z. B. § 6 Abs. 4 der bayrischen Gnadenordnung: „Der Gesuchsteller soll für die zur Begründung des Gesuchs aufgestellten Behauptungen Belege (z. B. Arbeitsbescheinigung, ärztliches Zeugnis) beigeben. Soweit für die Entscheidung über ein Gesuch die wirtschaftlichen Verhältnisse des Verurteilten von Bedeutung sind, ist darauf hinzuwirken, dass dieser eine amtliche Auskunft der Finanzbehörde über seine Einkommens- und Vermögensverhältnisse vorlegt oder die Finanzbehörde zur Erteilung der Auskunft ermächtigt."

79 *J. Schätzler*, Handbuch des Gnadenrechts, 2. Aufl. 1992, Ziff. 5.1.2.; *H. Birkhoff/M. Lemke*, Gnadenrecht – Handbuch, 2012, III, Rn. 243 ff.

recht des Bundespräsidenten ein Verfahren geprägt, das dem in den Ländern ähnelt.[80]

aa) Die Abläufe eines Gnadenverfahrens lassen sich wie folgt typisieren: Ein Gnadenverfahren wird grundsätzlich durch ein Gnadengesuch des Gesuchstellers eingeleitet. Auch das Gnadengesuch eines Dritten oder die Einleitung von Amts wegen reichen im Grundsatz aus, allerdings ist eine Begnadigung ohne Einwilligung und ohne Mitwirkung des Betroffenen ausgeschlossen; die Einwilligung des Betroffenen wird daher immer nach Eingang eines Drittgesuchs eingeholt. Nach Eingang des Gnadengesuchs prüft das Bundespräsidialamt zunächst die Zuständigkeit des Bundespräsidenten. Regelmäßig wird ein Gnadenverfahren (noch) nicht eingeleitet, wenn die Strafe/Maßnahme, deren Folgen gemildert bzw. beseitigt werden soll, noch keine Wirkung entfaltet hat.

bb) Wenn ein Gnadenverfahren des Bundespräidenten eingeleitet wird, wird die sog. Gnadenbehörde beteiligt. Hierbei handelt es sich bei Disziplinargnadensachen um die für den Bundesbeamten bzw. Soldaten oder Richter zuständige oberste Dienstbehörde (meist ein Bundesministerium). In Strafgnadenverfahren ist dies das Bundesministerium der Justiz. Die Gnadenbehörde ermittelt – ggf. mit Hilfe nachgeordneter Behörden – den Sachverhalt und überprüft die Angaben des Gesuchstellers. Die Gnadenbehörde holt regelmäßig Stellungnahmen der im Disziplinarverfahren tätigen Stellen ein (Dienststelle, Gerichte), im Strafgnadenverfahren Stellungnahmen der Generalbundesanwaltschaft und der Strafvollzugsbehörden.

cc) Das Bundespräsidialamt nimmt zwar in der Regel keine eigenen Ermittlungen vor, kann solche aber bei der Gnadenbehörde anregen und im Zweifel auch selbst ermitteln. Nach Abschluss der Ermittlungen legt die Gnadenbehörde dem Bundespräsidialamt ein Votum und die einschlägigen Personal- und Disziplinarakten (ggf. Strafakten) vor. Auf der Grundlage dieser Informationen unterbreitet das Bundespräsidialamt dem Bun-

---

80 Eine allgemeine Darstellung des Gnadenverfahrens findet sich bei *H. Birkhoff/M. Lemke*, Gnadenrecht – Handbuch, 2012, II, Rn. 126 ff.

despräsidenten ein Bild über den persönlichen und beruflichen Werdegang des Gesuchstellers, seine persönlichen und wirtschaftlichen Verhältnisse sowie über die Straftat bzw. Pflichtwidrigkeit, die Anlass für die Straf-/Disziplinarmaßnahme war.

dd) „Materiell" wird das Gnadengesuch danach geprüft, ob der Gesuchsteller gnadenwürdig und gnadenbedürftig ist. In der Gnadenpraxis kann Gnadenwürdigkeit angenommen werden, wenn entweder das Urteil, das die negativen dienstrechtlichen Folgen für den Gesuchsteller auslöste, offensichtlich fehlerhaft ist oder aber der Gesuchsteller Reue und Einsicht in sein früheres Fehlverhalten zeigt und seine Tat bedauert. Als gnadenbedürftig gilt, wer über die „normalen" Folgen des Urteils hinaus übermäßig hart belastet wird und wessen Lebensverhältnisse einen positiven Gnadenentscheid des Bundespräsidenten rechtfertigen. Beide Kriterien sind allerdings nicht schematisch zu prüfen, sondern haben je nach Fall unterschiedliches Gewicht. So spielt die Gnadenwürdigkeit in dem – untypischen – Fall eines fehlerhaften oder zumindest schwer nachvollziehbaren Urteils, das zu korrigieren ist, eine geringere Rolle. Im herkömmlichen Fall der angemessenen Reaktion seitens der Straf- bzw. Disziplinargerichte hingegen ist der Frage der Gnadenwürdigkeit besondere Beachtung zu schenken. Es spielt hierbei eine große Rolle, ob sich der Gesuchsteller mit seiner Tat auseinandergesetzt hat und seine Überlegungen hierzu mitteilt. Bei einer abschließenden Betrachtung ist dann regelmäßig auch in den Blick zu nehmen, ob das Empfinden der Öffentlichkeit oder des Geschädigten/Opfers einer Begnadigung entgegensteht.

ee) Da es sich bei der Gnadenentscheidung um eine höchstpersönliche Entscheidung des Bundespräsidenten handelt, kommt es auf seine Überzeugung an. Hierzu kann er alle Informationsmittel nutzen, die ihm geboten scheinen. Dies verdeutlicht die Pressemitteilung des Bundespräsidialamts im Gnadenverfahren Christian Klar: „Der Gnadenentscheidung betreffend Herrn Christian Klar lagen u.a. Stellungnahmen der Bundesministerin der Justiz, des erkennenden Gerichts, der Generalbundesanwältin und der für den Strafvollzug verantwortlichen Justizvollzugsanstalt sowie ein kriminalprognostisches Gutachten zugrunde. Der Bundespräsident führte darüber hinaus zahlreiche Gespräche, auch mit Hinterbliebenen der Opfer. Abschließend sprach der Bundespräsident am 4. Mai 2007 mit Herrn Klar." Auch im Fall Hogefeld (2010) sah das Verfahren ähnlich aus.

Kritisiert wird nicht selten das persönliche Gespräch, das Bundespräsidenten z. T. im Strafgnadenbereich mit den Gnadengesuchstellern geführt haben. Angesichts des persönlichen Charakters der Strafgnadenentscheidung muss sich der Bundespräsident einen persönlichen Eindruck verschaffen – wie es auch der Richter tut, der ein Strafurteil erlässt (Gesichtspunkt des unmittelbaren rechtlichen Gehörs). Trotz der Kritik ist die Praxis des persönlichen Gesprächs verbreitet, sie reicht von Ministerpräsident Bernhardt Vogel über Ministerpräsident Helmut Kohl und Bundespräsident v. Weizsäcker[81] bis zuletzt Bundespräsident Horst Köhler.

ff) Bei einer stattgebenden (= Gnade erweisenden) Entscheidung stellt sich im Einzelfall die Frage, wie und in welchem Umfang die Wirkungen der Strafe/Disziplinarmaßnahme gemildert oder aufgehoben werden. Im Strafgnadenrecht wird regelmäßig die Reststrafe zur Bewährung ausgesetzt und nach Ablauf der Bewährungszeit erlassen. Im Disziplinargnadenrecht kann der Beamte, der aus dem Dienst entlassen wurde, wieder in den status quo ante gelangen. Er kann aber auch in ein niedrigeres Amt eingestellt werden (Zurückstufung). Ähnlich flexibel sind die Möglichkeiten bei einem Ruhestandsbeamten. So kommt die Zuerkennung eines gekürzten Ruhegehalts in Betracht. Oftmals ist den Ruhestandsbeamten schon geholfen, wenn ihnen die Beihilfeberechtigung zuerkannt wird, so dass sie sich zu einem geringen Anteil (i. d. R. 30 %) privat versichern können. Denn die Kosten für die gesetzlichen Krankenversicherungsbeiträge, die sie ohne Beihilfeberechtigung leisten müssen, sind sehr hoch.

gg) Die Entscheidung des Bundespräsidenten wird dem Minister bzw. Staatssekretär der jeweiligen Gnadenbehörde durch ein Schreiben des Chefs des Bundespräsidialamtes mitgeteilt.

---

81 Vgl. zu beiden Der Spiegel 39/1988, S. 16 ff.

Die Gnadenbehörde setzt dann den Gesuchsteller vom Ergebnis des Gnadenverfahrens in Kenntnis.

hh) Eng mit der Frage nach dem Charakter der Gnadenentscheidung verbunden ist das Problem, inwieweit der Bundespräsident Auskunft über seine Entscheidung und die Gründe geben muss. In der Staatspraxis des Bundespräsidenten werden keine Begründungen veröffentlicht. Auch Auskünfte oder Akteneinsicht werden nicht gewährt. Anders als in einigen Gnadenordnungen der Länder ist das Gnadenverfahren des Bundespräsidenten nicht normativ ausgestaltet. Die Gnadenordnungen der Länder stellen allerdings lediglich verwaltungsinterne Weisungen dar,[82] so dass sie nur eingeschränkt für die Herleitung von Auskunftspflicht und Akteneinsichtsrecht herangezogen werden können. Zudem regeln die Gnadenordnungen der Länder das Akteneinsichtsrecht unterschiedlich mit der Folge, dass man keinen Rechtsgrundsatz herleiten könnte, der auf Gnadenverfahren des Bundespräsidenten übertragbar wäre. Auch die Regel des § 147 StPO lässt sich nicht anwenden, weil das Gnadenverfahren kein Ermittlungs- bzw. Strafverfahren ist. Auch § 29 VwVfG ist nicht ohne weiteres einschlägig, weil erhebliche Unterscheide zwischen Gnaden- und normalem Verwaltungsverfahren bestehen. Namentlich ist das Gnadenverfahren in Art. 60 Abs. 2 GG angelegt. Allenfalls der hinter Art. 103 GG stehende Gesichtspunkt des rechtlichen Gehörs könnte für ein Auskunfts- und Akteneinsichtsrecht sprechen.

Auch gegenüber gerichtlichen Wünschen auf Auskunft oder Beiziehung der Gnadenakte besteht keine Pflicht. Grundlage für die Aktenanforderungen etwa in Strafverfahren ist § 94 StPO. Danach sind Gegenstände (auch Akten), die für die Untersuchung von Bedeutung sein können in Verwahrung zu nehmen. Gibt der Besitzer solche Gegenstände nicht freiwillig heraus, können sie beschlagnahmt werden. Das gilt grundsätzlich auch für Behördenakten und könnte auch für die Gnadenakten des Bundespräsidenten gelten, namentlich wenn Strafgerichte im Rahmen ihrer Aufklärungspflicht solche Gnadeninformationen

82 BVerfGE 25, 352, 361.

für das Strafverfahren für erforderlich halten (vgl. § 244 Abs. 2 StPO). Allerdings kann die Vorlegung der Akten vom Gericht nicht gefordert werden, wenn die zuständige oberste Dienstbehörde erklärt, dass das Bekanntwerden ihres Inhalts dem Wohl des Bundes Nachteile bereiten würde (Sperrerklärung – § 96 S 1 StPO ggf. i.V.m. § 110b Abs. 3 StPO). Ob dies im Falle von Gnadenakten der Fall ist, hängt vom Einzelfall ab. Die Sperrerklärung müsste vom Bundespräsidialamt selbst abgegeben werden. Neben § 96 StPO kann gegen die Beiziehung von Gnadenakten des Bundespräsidialamtes ein Recht, die Übermittlung zu verweigern, unmittelbar aus Art. 60 Abs. 2 GG abgeleitet werden. Diese Vorschrift geht auch den einfachgesetzlichen Vorschriften der §§ 94 StPO vor (Vorrang der Verfassung). Da Art. 60 Abs. 2 GG dem Bundespräsidenten die Befugnis verleiht, eine rechtskräftig festgesetzte Strafe ganz oder teilweise zu erlassen, sie zu ändern oder die Vollstreckung auszusetzen und diese Entscheidung einen höchstpersönlichen Charakter hat, bedarf sie keiner Begründung und ist nicht gerichtlich überprüfbar. Die im Rahmen der Vorbereitung einer Gnadenentscheidung gefertigten Unterlagen sind als Unterlagen „zur Vorbereitung eines präsidialen Aktes“ schon vom Anwendungsbereich des Informationsfreiheitsgesetzes ausgenommen. Eine gerichtliche Verpflichtung des Bundespräsidenten zur Herausgabe der Gnadenentscheidung vorbereitenden Unterlagen widerspräche dem Wesen der Gnadenentscheidung als höchstpersönliche, nicht zu begründende, nicht justiziable Entscheidung des Staatsoberhauptes. Denn über den Umweg des Strafverfahrens würden die nicht zur Veröffentlichung vorgesehenen vorbereitenden Überlegungen zur Entscheidung von Gnadenanträgen schließlich doch an die Öffentlichkeit geraten.

III. Die Gnadenentscheidung

1. Gesamtwürdigung

a) Die Gnadenentscheidung selbst muss über die oben erläuterten, an der Funktion der Gnade orientierten Gesichtspunkte hinaus das Ergebnis einer umfassenden Würdigung aller maßgeblichen Umstände sein. In diese Gesamtabwägung[83] sind – wenn der Gnadenfall dazu Anlass gibt – generelle Gesichtspunkte einzustellen: So muss in die Erwägungen auch einbezogen werden, wie ein positiver Gnadenerweis auf das Opfer der Straftat wirken würde. Eine Rolle spielt bei der Abwägung ebenfalls, ob der Gnadenerweis das allgemeine Rechtsempfinden beeinflusst. Hierbei sind – unter dem Gesichtspunkt, dass Gnade Korrelat zur Strafe ist – insbesondere die Zwecke zu berücksichtigen, die staatliche Strafen haben.[84] Da mit der positiven

---

83 Anschaulich für den Umfang dieser Gesamtwürdigung, zu der der Bundespräsident alle Informationsmittel nutzen kann, die ihm geboten erscheinen, die Pressemitteilung des Bundespräsidialamts im Gnadenverfahren *Christian Klar*: „Der Gnadenentscheidung betreffend Herrn Christian Klar lagen u.a. Stellungnahmen der Bundesministerin der Justiz, des erkennenden Gerichts, der Generalbundesanwältin und der für den Strafvollzug verantwortlichen Justizvollzugsanstalt sowie ein kriminalprognostisches Gutachten zugrunde. Der Bundespräsident führte darüber hinaus zahlreiche Gespräche, auch mit Hinterbliebenen der Opfer. Abschließend sprach der Bundespräsident am 4. Mai 2007 mit Herrn Klar."

84 Zur Verdeutlichung sei auf § 46 Abs. 1 und 2 StGB verwiesen:

„(1) Die Schuld des Täters ist Grundlage für die Zumessung der Strafe. Die Wirkungen, die von der Strafe für das künftige Leben des Täters in der Gesellschaft zu erwarten sind, sind zu berücksichtigen.

(2) Bei der Zumessung wägt das Gericht die Umstände, die für und gegen den Täter sprechen, gegeneinander ab. Dabei kommen namentlich in Betracht:

die Beweggründe und die Ziele des Täters,

die Gesinnung, die aus der Tat spricht, und der bei der Tat aufgewendete Wille,

das Maß der Pflichtwidrigkeit,

die Art der Ausführung und die verschuldeten Auswirkungen der Tat,

das Vorleben des Täters, seine persönlichen und wirtschaftlichen Verhältnisse sowie

sein Verhalten nach der Tat, besonders sein Bemühen, den Schaden wiedergutzumachen, sowie das Bemühen des Täters, einen Ausgleich mit dem Verletzten zu erreichen."

Zu den Strafzwecken vgl. BGHSt 24, 40, 42; 24, 132, 133 f.; BVerfGE 45, 187, 253 f.: „Das geltende Strafrecht und die Rechtsprechung der deutschen Gerichte folgen weitgehend der sogenannten Vereinigungstheorie, die – allerdings mit verschiedenen gesetzten Schwerpunkten – versucht, sämtliche Strafzwecke in ein ausgewogenes Verhältnis zueinander zu bringen. Dies hält sich im Rahmen der dem Gesetzgeber von Ver-

Gnadenentscheidung die Folgen von rechtskräftigen Gerichtsentscheidungen abgeändert werden, darf die Gnadenentscheidung weder generell noch im jeweiligen Einzelfall die Zwecke des Strafens konterkarieren.

b) In diese Gesamtwürdigung sind auch die Grundrechte des Gnadengesuchstellers einzubeziehen. Das ergibt sich schon aus Art. 1 Abs. 3 und Art. 20 Abs. 3 GG, denn diese Normen binden – selbstverständlich – auch den Bundespräsidenten.[85] Allerdings ist hierbei im Hinblick auf die Besonderheit der Gnadenentscheidung zu differenzieren: Die Gnadenentscheidung setzt ein abgeschlossenes gerichtliches Verfahren und ein rechtskräftiges Urteil voraus, die selbst dem Maßstab des Art. 2 Abs. 2 und Art. 104 GG[86] genügen müssen.[87] Verurteilung und der sich anschließende Vollzug müssen im Übrigen allen anderen Grundrechten des Verurteilten Rechnung tragen.[88] Daher ist im Grundsatz davon auszugehen, dass die Situation des Gnadengesuch-

---

fassungs wegen zukommenden Gestaltungsfreiheit, einzelne Strafzwecke anzuerkennen, sie gegeneinander abzuwägen und miteinander abzustimmen. Demgemäß hat das Bundesverfassungsgericht in seiner Rechtsprechung nicht nur den Schuldgrundsatz betont, sondern auch die anderen Strafzwecke anerkannt. Es hat als allgemeine Aufgabe des Strafrechts bezeichnet, die elementaren Werte des Gemeinschaftslebens zu schützen. Schuldausgleich, Prävention, Resozialisierung des Täters, Sühne und Vergeltung für begangenes Unrecht werden als Aspekte einer angemessenen Strafsanktion bezeichnet. (…)Wenn es oberstes Ziel des Strafens ist, die Gesellschaft vor sozialschädlichem Verhalten zu bewahren und die elementaren Werte des Gemeinschaftslebens zu schützen (‚*allgemeine Generalprävention*'), so muß bei der hier erforderlichen Gesamtbetrachtung zunächst von dem Wert des verletzten Rechtsguts und dem Maß der Sozialschädlichkeit der Verletzungshandlung – auch im Vergleich mit anderen unter Strafe gestellten Handlungen – ausgegangen werden."

85 Vgl. m.w.N. *K. Stern,* Staatsrecht der Bundesrepublik Deutschland, Bd. III/1, 1988, S. 1369 ff.; von einem verfassungsgebundenen Begnadigungsermessen spricht *D. Hömig,* DVBl. 2007, 1328, S. 1330 f.

86 Zu Verhältnis von Art. 2 Abs. 2 und Art. 104 GG BVerfGE 14, 174, 186 f.; 58, 208, 220; 105, 247.

87 Die lebenslange Freiheitsstrafe muss diesen grundrechtlichen Vorgaben genügen, vgl. BVerfGE 45, 187, 242 ff.; 72, 105, 113.

88 Eine Verurteilung wegen Beleidigung etwa der Meinungsfreiheit, vgl. BVerfGE 12, 113.

stellers grundrechtsgemäß ist. Eine ablehnende Gnadenentscheidung ändert insoweit an der grundrechtlichen Situation des Gnadengesuchstellers nichts, während eine positive Gnadenentscheidung keinen (weiteren) Grundrechtseingriff darstellt. Der mit der Verurteilung verbundene verfassungsrechtlich gerechtfertigte Grundrechtseingriff wird bei einer ablehnenden Gnadenentscheidung lediglich perpetuiert.

Anders ist die grundrechtliche Lage dann, wenn im Rahmen der Vollstreckung zusätzliche, grundrechtlich relevante Aspekte hinzutreten und vielleicht sogar Gegenstand des Gnadengesuchs sind: Dann ist – im Einzelfall – vorstellbar, dass ein weiterer, von der Verurteilung und vom Vollzug zu trennender, selbstständiger Grundrechtseingriff bewirkt wird, etwa in Bezug auf den Schutz der Familie gem. Art. 6 GG[89], das Recht auf Leben und körperliche Unversehrtheit oder die allgemeine Handlungsfreiheit.[90] Im Rahmen seiner Gnadenentscheidung muss der Gnadenherr prüfen, ob ein solcher Grundrechtseingriff vorliegt, und ihn dann auch maßgeblich berücksichtigen.

Rein verfahrensrechtlich ist außerdem bei der Gnadenentscheidung das aus Art. 1 Abs. 1 und Art. 3 Abs. 1 GG abgeleitete Willkürverbot zu beachten,[91] das letztlich auch ein faires Verfahren vorschreibt.[92]

Für einen Anspruch auf Gnade fehlt es an einer positiv-verfassungsrechtlichen Grundlage.[93] Und angesichts des weitgehend

---

89 Vgl. zum Schutz von Art. 6 GG bei Freiheitsentziehungen etwa BVerfGE 42, 98, 100; vgl. auch § 456 StPO.

90 Bsp.: Der Gnadengesuchsteller hat aufgrund einer schwerwiegenden Erkrankung nur noch kurze Zeit zu leben, die deutlich kürzer als seine Resthaftdauer ist.

91 BayVerfGH, BayVBl. 1979, 114, 115; m. w. N. *C. Mickisch,* Die Gnade im Rechtsstaat, 1996, S. 69 ff. m. w. N.

92 Zu einzelnen Aspekten *D. Hömig,* DVBl. 2007, S. 1328 (1333 ff.); z. B. im Hinblick auf das Ruhen eines Gnadenverfahrens Anordnung über das Verfahren in Gnadensachen des Bundesministeriums der Justiz (BMJ) vom 16. Oktober 1995, Abschnitt 17.7.

93 *K. Stern,* Staatsrecht III/1, 1988, S. 1375 m. w. N.

fehlenden Leistungscharakters der Grundrechte[94] ist nur in einzelnen Fällen eine grundrechtliche Verpflichtung zum Erlass eines positiven Gnadenerweises vorstellbar.[95] Auch die Bindung an Art. 3 GG ist angesichts der geringen Zahl der Gnadengesuche und ihrer Individualität eher theoretischer Natur.[96]

2. *Rechtscharakter der Gnadenentscheidung – Justitiabilität*

Streitig ist die Einordnung der Gnadenentscheidung. Das Bundesverfassungsgericht hat zum Gnadenakt ausgeführt, der Grundgesetzgeber habe „im Bereich der Einzelbegnadigung dem Träger des Gnadenrechts eine Gestaltungsmacht eigener Art verliehen."[97] Dabei hat das Gericht dahinstehen lassen, ob Gnadenentscheidungen Verzicht, Befehl oder Dispens darstellen.[98] Die Konsequenz hieraus ist, dass die Ablehnung eines Gnadenerweises gerichtlich nicht angefochten werden kann.[99] „Es ergibt sich deshalb aus dem System und dem Gesamtgefüge des Grundgesetzes, daß die Ablehnung eines Gnadenerweises einer gerichtlichen Nachprüfung nicht unterliegen kann. Das entspricht auch der Eigenart der Einzelbegnadigung, auf die der Verurteilte kein Recht hat."[100] Allerdings hält ein Teil des Schrifttums die gerichtliche Nachprüfung für zulässig.[101] In

---

94 Vgl. *V. Epping*, Grundrechte, 5. Aufl. 2012, Rn. 14 ff.

95 So darf die Gnadenentscheidung wegen Art. 1 Abs. 1 GG wohl kaum so lange hinausgezögert werden, dass das Gnadengesuch im Ergebnis leer läuft, so *D. Hömig*, DVBl. 2007, S. 1328 (1335).

96 *O. Bachof*, JZ 1983, S. 469 (471); die bundespräsidiale Praxis bestätigt dies jedenfalls im Bereich des Strafgnadenrechts.

97 BVerfGE 30, 108, 110.

98 BVerfGE 25, 352, 361; ausführlich zu dieser Frage *C. Mickisch*, Die Gnade im Rechtsstaat, 1996, S. 23 ff., S. 80 ff.

99 BVerfGE 66, 337, 363; BVerfG, Kammerentscheidung, NJW 2001, S. 3771; vgl. etwa *H. Huba*, Der Staat 29 (1990), S. 117 (120 ff.); *K. Stern*, Staatsrecht II, 1980, S. 264.

100 BVerfGE 25, 352, 361 ff.; 30, 108, 110; vgl. allgemein *H. Birkhoff/ M. Lemke*, Gnadenrecht – Handbuch, 2012, I, Rn. 123 ff.; 377 ff.

Hessen und in Bayern wurde die gerichtliche Kontrolle wegen Grundrechtsverletzung zugelassen.[102] Vom Verfassungsgericht zugelassen wurde lediglich ein Antrag auf gerichtliche Entscheidung beim Widerruf eines Gnadenerweises, weil durch den Gnadenerweis die Wirkung des rechtskräftigen Urteils umgestaltet werde und dem Gnadengesuchsteller bei einer gnadenweisen Strafaussetzung zur Bewährung neben Pflichten auch Freiheitsrechte eingeräumt würden; anders als die Ablehnung eines Gnadenerweises, auf den ein Anspruch nicht bestehe, sei der Widerruf der Gnadenentscheidung als belastende Entscheidung der Gnadenbehörden dann ein rechtlich gebundener Akt, wenn sie eine dem Verurteilten zuvor im Gnadenwege eingeräumte Rechtsstellung verschlechtert. Diese Entscheidungen der Gnadenbehörden unterliegen der gerichtlichen Kontrolle nach Art. 19 Abs. 4 GG.[103]

Allgemein streitig ist, ob das Gnadenrecht zum Aufgabenkreis der Verwaltung zählt, der Gnadenakt als Verwaltungsakt qualifiziert wird und dementsprechend ein Gnadengesuchsteller Rechtsschutz gegen eine ablehnende Entscheidung beanspruchen kann.[104] Letzteres wird mit der weitgehenden Verrechtlichung und der Möglichkeit der Delegation von Gnadenentscheidungen[105] viel-

---

101 Vgl. jüngst *D. Hömig*, DVBl. 2007, S. 1328; weitere Nachweise zum Streitstand bei *C. Mickisch*, Die Gnade im Rechtsstaat, 1994, S. 157 ff.; *D. Dimoulis*, Die Begnadigung in vergleichender Perspektive, 1996, S. 174 ff.; *C. Waldhoff/H. Grefrath*, in: Friauf/Höfling (Hrsg.), Berliner Kommentar zum Grundgesetz, Berlin, Loseblattsammlung (27. Lieferung Juli 2009), Art. 60 Rn. 19.

102 Vgl. BayVerfGHE 23, 6; 24, 53; Hess. StGH, NJW 1974, 79.

103 BVerfGE 30, 108, 111.

104 Vgl. nur *H. Schmitz*, in: Stelkens/Bonk/Sachs (Hrsg.), Verwaltungsverfahrensgesetz, 7. Aufl. 2008, § 1 Rn. 192 ff. m. w. N. insb. i. Fn. 194; *F. Kopp/U. Ramsauer*, Verwaltungsverfahrensgesetz, 13. Aufl. 2013, § 1 Rn. 19c, § 35 Rn. 87 m. w. N.; vgl. auch *Jarass/Pieroth* (Fn. 39), Art. 19 Rn. 43, die Gnadenakte unter Hinweis auf BVerfGE 25, 352, 363 ff. u. w. N. in den Anwendungsbereich des Art. 19 Abs. 4 einbeziehen.

105 *D. Ehlers*, in: Schoch/Schmidt-Aßmann/Pietzner (Hrsg.), Verwaltungsgerichtsordnung. Kommentar, Loseblattsammlung, Stand des Gesamtwerks: 17. Ergänzungslieferung Oktober 2008, hier letzte Nachlieferung des Gesamtwerks: 16. Ergänzungslieferung März 2008, § 40 Rn. 124 ff. m. w. N., Rn. 126.

fach bejaht. Namentlich delegierte Gnadenakte könnten nicht als staatsleitende Tätigkeit qualifiziert werden.[106] Demgegenüber ist das Gnadenrecht des Bundespräsidenten ausschließlich verfassungsrechtlich geprägt. Für eine Gnadenentscheidung sei der Bundespräsident niemand rechenschaftspflichtig, soll *Herzog* einmal geäußert haben.[107] Einer solchen Auffassung ist jüngst *Hömig*[108] prominent entgegengetreten, der sich für die Justitiabilität von Gnadenentscheidungen ausspricht, aber immerhin die Verfassungsbeschwerde für die zutreffende gerichtliche Kontrollmöglichkeit einer Gnadenentscheidung auf Bundesebene hält. Aber namentlich Strafgnadenentscheidungen, die der Bundespräsident fällt, sind keine Verwaltungsakte, sondern haben staatsleitenden und politischen Charakter.[109] Die Rechtsprechung hält daran fest, dass Gnadenentscheidungen nicht in den Anwendungsbereich des Art. 19 Abs. 4 GG fallen.[110] Demgegenüber wird darauf abgestellt, dass im Verfassungsstaat kein Platz mehr für nicht justiziable Hoheitsakte wie Gnadenentscheidungen wäre.[111] Die Gnadenentscheidung selbst müsse sich

106 *D. Ehlers,* in: Schoch/Schmidt-Aßmann/Pietzner (Fn. 102), Rn. 126, der aber auch zutreffend darauf hinweist, dass ggfls. gem. § 23 ff. EGGVG der ordentliche Rechtsweg gegeben ist; unter Hinweis auf Art. 19 Abs. 4 GG *E. Schmidt-Aßmann,* in: Schoch/Schmidt-Aßmann/Pietzner (Hrsg.), Verwaltungsgerichtsordnung. Kommentar, Loseblattsammlung, Stand des Gesamtwerks: 17. Ergänzungslieferung Oktober 2008, hier letzte Nachlieferung des Gesamtwerks: 16. Ergänzungslieferung März 2008, Einleitung Rn. 11, 13.

107 *R. Herzog,* zitiert nach *B. Gaus,* Die Tageszeitung vom 31.1.2007, S. 5.

108 DVBl. 2007, S. 1328 (1329 ff.).

109 So *K. Pflieger,* ZRP 2008, S. 84 (85); Vergleichbares dürfte auch für die Gnadenentscheidungen gelten, die auf Landesebene die Ministerpräsidenten oder die Regierungen als Kollegialentscheidungen selbst treffen. *H. Schmitz* in: Stelkens/Bonk/Sachs (Fn. 101), Rn. 196 f. differenziert insoweit zutreffend, als er auch bei Gnadenentscheidungen Verwaltungsakte und Regierungsakte unterscheidet.

110 BVerfGE 30, 108, 110 f.; 45, 187, 242 f.; 66, 337, 363; BVerfG, Kammerentscheidung, NJW 2001, S. 3771; BVerwGE 14, 73, 76; BVerwG NJW 1983, S. 187 (188); OLG Hamburg JR 1997, S. 255 (256) m. w. N.

an Grundrechten orientieren, die das Gnadenermessen des Bundespräsidenten limitierten; unter dem Gesichtspunkt der Einheit der Verfassung müsse dies zu einer Justitiabilität führen, wenn auch mit niedriger Kontrolldichte.[112] Dass der Bundespräsident im Rahmen seiner Gnadenentscheidung an Grundrechte gebunden ist, muss nicht zwangsläufig zu einer gerichtlichen Kontrolle namentlich ablehnender Gnadenentscheidungen führen. Auch in anderen Bereichen erkennt das Bundesverfassungsgericht eine nicht nachprüfbare Entscheidungsprärogative eines anderen Verfassungsorgans an.[113] Die ablehnende Gnadenentscheidung verändert wie oben gezeigt grundsätzlich die Rechtsstellung des Gesuchstellers nicht. Und da ein Urteil in der Praxis bereits auf dem Rechtsweg überprüft wurde, sind eine tatsächlich menschenwürdeverletzende gerichtliche Verurteilung bzw. ebensolche Vollzugsbedingungen als Gegenstand der Gnadenentscheidung eher unwahrscheinlich. Die Forderung nach einer gerichtlichen Kontrolle von Gnadenentscheidungen unterstellt – möglicherweise – eine willkürliche Handhabung durch den Gnadenherrn, eine Entscheidung nach sachfremden Gesichtspunkten. Dies verkennt, dass die Entscheidung nicht ausschließlich im Arkanbereich des Bundespräsidenten bzw. seines Amtes gefällt wird, sondern unter Einbeziehung der jeweiligen Gnadenbehörden. Zudem ist die Gegenzeichnung erforderlich, auf die zwar ein Anspruch besteht, für deren Einholung der Bundespräsident seine Entscheidung aber plausibel machen

---

111 BVerfGE 25, 352, 365 f. – abweichende Meinung; vgl. die Nachweise der älteren Literatur bei *H. Butzer,* in: Schmidt-Bleibtreu/Hofmann/Hopfauf (Fn. 6), Art. 60 Rn. 57; *D. Hömig,* DVBl. 2007, S. 1328 (1335).

112 *H. Butzer,* in: Schmidt-Bleibtreu/Hofmann/Hopfauf (Fn. 6), Art. 60 Rn. 53, 58.

113 Während der Verwaltung nur in Ausnahmefällen ein nicht kontrollierbarer Einschätzungs- und Beurteilungsspielraum zugebilligt wird, hat das Bundesverfassungsgericht dem Verfassungsorgan Gesetzgeber etwa in verschiedenen Materien einen solchen, nur ganz beschränkt gerichtlich überprüfbaren Einschätzungs- und Beurteilungsspielraum eingeräumt, vgl. etwa BVerfGE 49, 89; 50, 290, 332 ff.; 61, 291, 313 f.; 77, 170, 214 f.; 79, 311, 343 f.; 88, 203, 262.

muss. Zudem muss selbst für den Fall einer (verfassungs-)gerichtlichen Überprüfung konstatiert werden, dass die eigentliche Entscheidung kaum kontrollierbar erscheint. Denn insbesondere wenn sich der Bundespräsident ein höchstpersönliches Bild verschafft hat[114], muss ihm gegebenenfalls ein nicht nachprüfbarer Berurteilungsspielraum zugestanden werden.[115]

Der Verweis auf das gewandelte Verfassungsverständnis[116], wonach Art. 60 Abs. 2 GG anders als noch 1949 nicht mehr als Ausnahme zu Art. 19 Abs. 4 GG aufgefasst werden könnte, vermag nicht recht zu überzeugen. Denn dies erfordert eine Interpretation entgegen Wortlaut und Wortverständnis, die zudem dem teleologisch historischen Verständnis zuwiderliefe. Verfassungsehrlicher[117] wäre es dann, die Norm des Art. 60 Abs. 2 GG zu ändern – wofür es aber etwa trotz der öffentlich-medialen Erregung des ersten Halbjahres 2007 keine politische Mehrheit zu geben scheint.

IV. Ist Gnade noch zeitgemäß?

„… vor allem aber das Begnadigungsrecht" gehört „seit je zu den ‚klassischen' Rechten des Staatsoberhauptes in den konstitutionellen, aber auch den parlamentarisch-demokratischen Staa-

---

114 s. o. bei Fn 33, 34.

115 Die Situation ähnelt dann derjenigen in Prüfungsverfahren, in denen das Prüfungsergebnis prüfungsspezifische Wertungen beinhaltet, vgl. hierzu m. w. N. *N. Niehues/E. Fischer*, Prüfungsrecht, 5. Aufl. 2010, Rn. 874 ff., 878.

116 *H. Butzer*, in: Schmidt-Bleibtreu/Hofmann/Hopfauf (Fn. 6), Art. 60 Rn. 58: Soweit dieser darauf abstellt, dass dem Verfassungsgeber ein freies Gnadenermessen vorschwebte, heute hingegen ein komplexes Gnadenverfahren mit vielfältigen Stellungnahmen und Gutachten durchgeführt werde, vermag dies m. E. kaum die geforderte Justitiabilität begründen. Denn komplexere, zweckrationale Verfahren sind nicht zwangsläufig kontrollbedürftiger als freie Ermessensentscheidungen.

117 Zum Begriff Bericht der Expertenkommission für die Vorbereitung einer Totalrevision der Bundesverfassung (CH), 1977, 42, zitiert nach: *K. Hailbronner*, in: FS Wolfgang Zeidler, 1987, 927; neuerdings *C. Gramm*, NZWehrr 2007, S. 221 sowie *ders.*, Die Verwaltung 2008, S. 375 (403).

ten".[118] Trotz dieser zutreffenden Charakterisierung[119] durch *Herzog* und des zuvor dargelegten staatsrechtlichen Meinungsstandes wird das Gnadenrecht nicht selten als Anachronismus, als nicht mehr zeitgemäß bezeichnet;[120] im Rechtsstaat scheint es keinen Raum für Gnadenentscheidungen zu geben.[121]

1. Gnade und Gewaltenteilung

Das Gnadenrecht ist nicht schon deswegen nicht mehr zeitgemäß, weil es mit dem Gewaltenteilungsgrundsatz in Widerspruch stehen könnte und es keine auf den einzigen Souverän rückführbare Hoheitsgewalt mehr gibt. Die Ausübung von Gnade im Rechtsstaat der parlamentarischen Demokratie stellt im Falle des Art. 60 Abs. 2 GG eine Korrektur der Strafrechtspflege durch das Verfassungsorgan Bundespräsident[122] dar, das der Exekutive zuzuordnen ist. Damit verbunden ist ein Übergriff in Legislativrechte, weil der Gesetzgeber im Strafgesetz zwar abstrakt, aber doch eindeutig Tatbestände und Rechtsfol-

---

118 *R. Herzog*, in: Maunz/Dürig (Fn. 2), Art. 60 Rn. 7.

119 Vgl. Art. 110 Verfassung Belgien; Art. 24 Verfassung Dänemark, § 78 Nr. 19 Verfassung Estland; Art. 105 Verfassung Finnland; Art. 17 Verfassung Frankreich; Art. 47 Abs. 1 Verfassung Griechenland; Art. 13 Abs. 6 Verfassung Irland; Art. 87 Verfassung Italien; Art. 45 Verfassung Lettland; Art. 84 Nr. 23 Verfassung Litauen; Art. 38 Verfassung Luxemburg; Art. 93 Verfassung Malta; Art. 122 Verfassung Niederlande; Art. 65 Abs. 2 Buchst. c Bundesverfassung Österreich; Art. 139 Verfassung Polen; Art. Art. 134 Buchst. f. Verfassung Portugal; Art. 62 Buchst. i. Verfassung Spanien; Art. 62 Buchst. g. Verfassung Tschechische Republik; Art. 30 Buchst. k Verfassung Ungarn; Art. 53 Verfassung Zypern; anders aber Kapitel 11 § 13 Verfassung Schweden (Regierung); zu rechtsvergleichenden Aspekten vgl. *D. Dimoulis*, Die Begnadigung in vergleichender Perspektive, 1996.

120 Mit dieser Kritik wird der Verfasser häufig bei Vorträgen und von Besuchern des Bundespräsidialamtes konfrontiert; *C. Waldhoff/H. Grefrath*, in: Friauf/Höfling (Hrsg.), Berliner Kommentar zum Grundgesetz, Berlin, Loseblattsammlung (27. Lieferung Juli 2009), Art. 60 Rn. 21 ff.

121 *A. Klein*, Gnade – ein Fremdkörper im Rechtsstaat?, 2001, S. 56 ff. (113 ff.).

122 Auf Landesebene durch die Exekutivorgane Ministerpräsident bzw. Landesregierung.

gen festgelegt hat, und in Judikativrechte deshalb, weil die Rechtsfolgen des konkreten Urteils beseitigt oder gemildert werden. Die Institution der Gnade ist deshalb nicht ohne weiteres mit dem System der Gewaltenteilung (Art. 20 GG) zu vereinbaren. Auch wenn dies ein „banales" Argument ist, so muss auf die normative Verbindlichkeit des Verfassungstextes verwiesen werden, der eben diese Wirkung – bewusst und im Rahmen der bisherigen Tradition[123] – kodifiziert hat.[124] Dem verfassungsändernden Gesetzgeber wäre es unbenommen, das Gnadenrecht abzuschaffen. Zudem wird das Gewaltenteilungsprinzip des Grundgesetzes kaum absolut und einschränkungslos durchgehalten.[125] Vielmehr stellt es sich als System gegenseitiger Verschränkung und Gewaltenhemmung dar, so dass das Gnadenrecht nur bei einer sehr puristischen Auffassung als Widerspruch gewertet werden kann. Angesichts der gegenseitigen Verschränkungen passt sich das Gnadenrecht durchaus in das grundgesetzliche System ein. Zudem schränkt die Einzelbegnadigung nicht die Geltung der Gesetze ein, sondern beschneidet nur ihre Anwendung in Form des Urteils in einzelnen Fällen.[126] Und es ist zu berücksichtigen, dass der Gnadenherr in Ausübung seiner Befugnisse auch diejenigen der Legislative und der Judikative berücksichtigen muss, will er nicht den Grundsatz der Gewaltentrennung im Grundgesetz verletzen: Bei der Handhabung des Gnadenrechts sind die legislativen Interessen im Rahmen der Strafgesetze und die Belange des richterlichen Vollzugs der Strafgesetze einerseits und der Gnadenbefugnis der Exekutive, insbesondere des Bundespräsidenten, andererseits in Einklang zu bringen. Der Gnadenherr darf keinesfalls die Befugnisse der Legislative und der Judikative konterkarieren. Im Zweifel hat er praktische Konkordanz herzustellen. Die Gnadenentscheidung muss rational nachvollziehbar sowie kriminal-

---

123 s. o. bei Fn. 36 ff.

124 BVerfGE 25, 352, 361.

125 Zum grundgesetzlichen System der Gewaltentrennung vgl. nur *K. Stern,* Staatsrecht II, 1980, 513 ff. (§ 36); *C. Degenhart,* Staatsrecht I, 28. Aufl. 2012, Rn. 265, 271 ff.

126 So zutreffend *G. Hindrichs,* JZ 2008, S. 242 (243).

politisch sinnvoll erscheinen. Insgesamt bleibt lediglich festzuhalten, dass das Gnadenrecht des Bundespräsidenten nicht jenseits des gewaltenteilenden Systems des Grundgesetzes steht, sondern sich vielmehr durchaus einordnen lässt. Jedenfalls ist dem Bundespräsidenten kein Rest absolutistischer Souveränität verblieben.[127]

2. *Gnade und gerechte Bestrafung*

Der Rechtsstaat beansprucht, dass die unter seinem Regime verhängten Strafen „gerecht“ sind: Das ist nur dann der Fall, wenn den Täter eine Schuld trifft (nulla poena sine culpa)[128] und das Strafmaß verhältnismäßig ist[129]. Das Grundgesetz verlangt dabei die Wahrung der Würde des Menschen, da der Schuldgrundsatz in der Garantie der Würde und Eigenverantwortlichkeit des Menschen (Art. 1 Abs. 1 GG und Art. 2 Abs. 1 GG) sowie im Rechtsstaatsprinzip wurzelt.[130] Das Bundesverfassungsgericht spricht davon, dass Strafen oder strafähnliche Sanktionen in einem *gerechten* Verhältnis zur Schwere der Tat und zum Verschulden des Täters stehen müssen.[131] Wenn aber Strafen den Anspruch erheben können, gerecht zu sein, bleibt für eine Gnade, deren Funktion darin besteht, Härten des Gesetzes, etwaige Irrtümer der Urteilsfindung sowie Unbilligkeiten bei nachträglich veränderten allgemeinen oder persönlichen Verhältnissen auszugleichen[132], kaum noch Raum. Dies gilt insbesondere in Bezug auf die lebenslange Freiheitsstrafe, die nach der Rechtsprechung des Bundesverfassungsgerichts in der Regel 15 Jahre Freiheitsentzug nicht überschreiten und nur bei Fest-

---

127 *G. Hindrichs*, JZ 2008, S. 242 (243).

128 BVerfGE 110, 1, 13; vgl. auch BVerfGE 57, 250, 275; 80, 244, 255; 95, 96, 140.

129 Zur strikten Geltung des Verhältnismäßigkeitsgrundsatzes für Strafen vgl. BVerfGE 90, 145, 172; 92, 277, 326 ff.; 105, 135, 154; 110, 226, 262.

130 BVerfGE 110, 1, 13.

131 Hervorhebung nur hier; BVerfGE 86, 288, 313; 96, 245, 249; 105, 135, 145; 110, 1, 13.

132 Vgl. BVerfGE 25, 352.

stellung der besonderen Schwere der Schuld länger andauern darf.[133] Infolge dieser Entscheidung des Verfassungsgerichts hat der Gesetzgeber die bedingte Aussetzung der Strafe (§§ 57 ff., insbesondere § 57a StGB) der Verfassungsgerichtsentscheidung entsprechend eingeführt.[134] Danach sind in der abschließenden gerichtlichen Entscheidung über die Festsetzung der Reststrafe all die Gesichtspunkte zu berücksichtigen (vgl. insbesondere § 57 Abs. 1 S. 2 StGB), die – neben anderen – auch für einen Gnadenerweis relevant wären.[135] Deshalb könnte eine Gnadenentscheidung sowohl der Wertung des Gesetzgebers der §§ 57 ff. StGB als auch der jeweiligen Einzelfallentscheidung des Gerichts widersprechen.[136]

Gleichwohl haben weder die Entscheidung des Bundesverfassungsgerichts noch die gesetzlichen Regelungen über die Reststrafaussetzung das Gnadenrecht überflüssig gemacht. Denn Gegenstand der Verfassungsgerichtsentscheidung war allein die Frage der Vereinbarkeit der lebenslangen Freiheitsstrafe für Mord mit dem Grundgesetz, nicht hingegen das Gnadenrecht. Für die Beurteilung der lebenslangen Freiheitsstrafe spielte die Gnadenpraxis zwar eine tragende Rolle, weil schon zum damaligen Zeitpunkt empirisch aufgrund der verschiedenen Gnadenerweise nur in einem relativ geringen Prozentsatz[137] lebenslange

---

133 BVerfGE 45, 187 ff.

134 Dies hat im Ergebnis dazu geführt, dass die Zahl der Begnadigungen rückläufig ist, wie dies Herzog bereits prognostiziert hat, vgl. *R. Herzog*, in: Maunz/Dürig (Fn. 2), Art. 60 Rn. 36.

135 s. o. II. 2. b) cc).

136 *R. Herzog*, in: Maunz/Dürig (Fn. 2), Art. 60 Rn. 36 hat bereits im Grundsatz darauf hingewiesen, dass die Beschränkungen der zeitigen Bestrafung für das Gnadenrecht zu der Situation führen könne, in der der Gnadenherr Gerichtsentscheidungen korrigiere, die bereits kurz zuvor ergangen wären.

137 BVerfGE 45, 187, 241: „Nach den getroffenen Feststellungen ist die volle Verbüßung der lebenslangen Freiheitsstrafe eine seltene Ausnahme. Die zu lebenslanger Freiheitsstrafe Verurteilten werden – außer in wenigen Fällen, in denen die Sozialprognose ungünstig und aus Gründen der öffentlichen Sicherheit der weitere Vollzug der Strafe geboten ist – vorzeitig im Gnadenwege entlassen. Daraus ergibt sich eine weitere we-

Freiheitsstrafe tatsächlich lebenslang im Wortsinne bedeutete.[138] Entscheidend waren aber die vom Bundesverfassungsgericht definierten Voraussetzungen eines menschenwürdigen Strafvollzugs.[139] Ein menschenwürdiger Strafvollzug müsse grundsätzlich auch einem zu lebenslanger Freiheitsstrafe Verurteilten die Aussicht eröffnen, wieder in Freiheit zu gelangen. Hierfür sei die Möglichkeit einer Begnadigung allein nicht ausreichend. Die Aussicht, wieder in Freiheit zu gelangen, die den Vollzug der lebenslangen Strafe nach dem Verständnis der Würde der Person überhaupt erst erträglich mache, müsse in einer Weise abgesichert sein, die verfassungsrechtlichen Anforderungen entspricht; dafür genüge das Institut der Begnadigung *allein* nicht.[140] Die Entscheidung befasste sich indes nicht mit der Zulässigkeit und dem rechtlichen Rahmen des Gnadenrechts. So lassen sich aus der Entscheidung keine Schlüsse für diejenigen Gesichtspunkte ableiten, die für einen Gnadenerweis maßgeblich wären. Die Annahme, die infolge der Verfassungsgerichtsentscheidung ermöglichte Reststrafaussetzung zur Bewährung bei lebenslänglicher Haft lasse für persönliche Gesichtspunkte in der Gnadenentscheidung kaum noch Raum, überzeugt daher nicht. Vielmehr ist Folgendes zu berücksichtigen: Aufgabe der strafrechtlichen Verurteilung ist es, allein eine schuldangemessene Bestrafung festzusetzen. Sofern das verurteilende Gericht feststellt, dass eine besonders schwere Schuld vorliegt und nach 15 Jahren die

sentliche Begrenzung der Gefahr schwerwiegender Persönlichkeitsveränderungen. Die festgestellte Begnadigungspraxis der Bundesländer in einem Zeitraum von 30 Jahren zeigt, daß von den 702 freigelassenen Gefangenen nur wenige vor 10 Jahren (48) und auch nur wenige nach einer extremen Haftdauer von bis zu 30 Jahren (27) begnadigt wurden. Die Masse der Begnadigungen vollzieht sich zwischen dem 15. und 25. Haftjahr. Im Durchschnitt errechnet sich eine Haftdauer von ungefähr 20 Jahren (vgl. hierzu auch die Antwort der Bundesregierung vom 26. Oktober 1973 auf eine Anfrage von Abgeordneten der CDU – BTDrucks 7/1171 – und *P. Albrecht,* Die soziale Reintegration „Lebenslänglicher" im Spannungsverhältnis von Recht und Gnade, Monatsschrift für Kriminologie und Strafrechtsreform (MschrKrim) 1973, S. 198 ff.)."

138 BVerfGE 45, 186 – Leitsatz 2.

139 Vgl. insoweit BVerfGE 45, 186 – Leitsatz 3.

140 BVerfGE 45, 187, 245, Hervorhebung nur hier.

restliche Mindestverbüßungsdauer festgesetzt wird, so spielen im Zeitpunkt ihrer Festsetzung (15 Jahre plus x) selbstverständlich auch Gesichtspunkte der persönlichen Entwicklung des Verurteilten in der bisherigen Haft, seine Auseinandersetzung mit der Tat usw. eine Rolle. Allerdings kann dies zwangsläufig nur für den Zeitpunkt der Festsetzung der Reststrafe gelten. In der darauf folgenden Zeit können sich immer persönliche Aspekte ergeben, die für eine Gnadenentscheidung sprechen und die zum Zeitpunkt der Festsetzung der Mindestverbüßungszeit dem Gericht nicht bekannt waren bzw. bekannt sein konnten. Je länger die gerichtliche Entscheidung über die Festsetzung der Reststrafverbüßung zurückliegt, umso weniger aktuell sind die Fakten, die sie begründen und umso weniger wird sie – potentiell – der Entwicklung des Verurteilten gerecht. Die Entscheidung über die Reststrafaussetzung ist zudem beschränkt auf die persönlichen Umstände des Täters und der Tat. Die Gnadenentscheidung hingegen kann weitere Gesichtspunkte berücksichtigen. In ihrem Rahmen ist immer auch Raum für generelle Gesichtspunkte wie etwa solche der politischen Befriedung oder Versöhnung, die nicht unmittelbar mit der Person des Gnadengesuchstellers zusammenhängen. So findet das Gnadenrecht seine Berechtigung darin, dass auch bei gerechter und angemessener Bestrafung besondere Umstände hinzutreten können, die bei einer Gesamtbetrachtung Maßnahmen zur Vermeidung unbilliger Härten erforderlich machen.[141] Und zu berücksichtigen ist auch, dass der Akt des Bestrafens nicht grundsätzlich in Frage gestellt wird, der Gnadenerweis nicht den Schuldausspruch des Urteils beseitigt, sondern allein seine Wirkung modifiziert.

3. Gnade „vor" Recht

Gustav Radbruch zufolge bedeutet die Einrichtung des Gnadenrechts die unverhohlene Anerkennung der Fragwürdigkeit allen Rechts. Denn die Gnade bedeute das Akzeptieren der Tatsache, dass diese Welt nicht allein eine Welt des Rechtes sei,

---

141 Vgl. das prägnante Beispiel bei *K. Pflieger,* ZRP 2008, 84, 86.

dass es neben dem Recht noch andere Werte gebe und dass es nötig werden könne, diesen Werten gegen das Recht zur Geltung zu verhelfen.[142] Stellt man mit *Radbruch* auf die Werte ab, die nicht unmittelbar Gegenstand unserer sehr rechtstechnischen und formalen Rechtsordnung sind, so liegt es nahe, an das tradierte Gnadenverständnis und an christlich-theologische Auffassungen anzuknüpfen, um zu ermitteln, was Gnade beinhaltet.

Außerhalb der Rechtsordnung ist der Gnadenbegriff maßgeblich durch die Theologie bestimmt. Unterschiedlich sind die Ansätze, ob die Gnade Gottes vom Menschen „verdient" werden muss oder ob die Gnade Gottes dem Menschen ohne Vorleistung zuteil wird.[143] Nach *Luther* ist Gnade die außerhalb des Menschen stehende Gunst Gottes, die mit den Menschen in einer unverdienbaren Zuwendung eine personale Beziehung aufnimmt. Luther wandte sich damit gegen den in seiner Zeit vorherrschenden Gedanken, dass Gnade verdient werden müsse.[144] Folgt man beispielsweise der katholischen Anthropologie, die dem Empfänger von Gnade allgemein eine vom Gnadenspender prinzipiell unabhängige Stellung zugesteht, so besitzt der Empfänger auf den Verlauf und das Schicksal seiner „Begnadung" einen gewissen Einfluss. Aber trotz aller Unterschiede ist Gnade im Kern das unbedingt freie Liebeshandeln Gottes, seine dem Menschen ungeschuldete Zuwendung. Diesem eher irrationalen Verständnis steht seit der Aufklärung die Forderung nach einem rechtfertigenden Grund für die Gnade gegenüber;[145] die Ratio des Rechts verlangt nach Abstraktion und Formen, nach rechtsförmlichem Vollzug und Rechtsanwendungsgleichheit – Justitia wird nicht ohne Grund meist mit verbundenen Augen dargestellt.[146] Ähnlich wie die Gerechtigkeit[147] beinhaltet Gnade ein

142 Rechtsphilosophie, 8. Aufl. 1973, S. 272 ff.

143 Zu den verschiedenen Ansätzen vgl. *E. Fahlbusch* u.a., Stichwort Gnade, in: Evangelisches Kirchenlexikon Bd. 2, 1989, Sp. 220 ff.; ausführlich auch *C. Mickisch,* Die Gnade im Rechtsstaat, 1996, S. 47 ff.

144 Vgl. hierzu *C. Mickisch,* Die Gnade im Rechtsstaat, 1996, S. 55.

145 Vgl. m.w.N. *A. Kaufmann,* NJW 1984, S. 1062.

146 Vgl. zur Entwicklung *G. Köbler,* Bilder aus der Deutschen Rechtsgeschichte, 1988, S. 138 ff.

emotionales Element, das dem Recht eher fremd ist. Gnade soll ihrem Wesen nach grundlos sein[148] und der Milde Zutritt gewähren.[149] Milde ist schon in der Antike wesentlicher Bestandteil des Rechts zu strafen gewesen und wurde so später Teil des christlichen Herrscherideals[150]. Auch wenn sie von „göttlicher Gnade" zu trennen war, so konnte sich die Milde als Strafverzicht bei rechtmäßiger Strafmacht als Tugend des Herrschers mit ihr verbinden.[151] Im Verfassungsorgan Bundespräsident, bei dem Organ und Organwalter in einer Person zusammenfallen, ist – bei aller Rationalisierung der Herrschaft im Verfassungsstaat – ein personales Element erhalten geblieben. Dies findet auch die staatsrechtliche Anerkennung, wenn darauf verwiesen wird, die Person präge das Amt[152] oder der Bundespräsident wirke in erster Linie nicht kraft verfassungsrechtlich verliehener Befugnisse, sondern Kraft persönlicher Autorität.[153] Milde als personales Element entspricht so geradezu dem Verfassungsorgan Bundespräsident,[154] der als Staatsoberhaupt auch das emotionale Symbol staatlicher Einheit und Integration verkörpern soll. So findet Gnade durchaus einen Ort in einem grundgesetzlichen Wertesystem, das bei aller Rationalität den Menschen in den Mittelpunkt stellt. Dem entspricht es auch, wenn Milde und Güte in Form der Gnade neben schuldangemessene Bestrafung und Sühne treten, deren Zweck nicht mehr Vergeltung, sondern Spezialprävention und Resozialisierung sind.[155]

---

147 Zu den unterschiedlichen Erwartungen an Recht und Gerechtigkeit im Zuge der Wiedervereinigung vgl. *R. Schröder*, NJW 1999, S. 3312 ff.

148 *A. Kaufmann*, NJW 1984, S. 1062.

149 *K. Engisch*, in: Freudenfeld (Hrsg.), Schuld und Sühne, 1960, S. 117.

150 Vgl. überzeugend *G. Hindrichs*, JZ 2008, S. 242 (243) m. w. N.

151 *G. Hindrichs*, JZ 2008, 242 (243 f.).

152 Zu diesem Phänomen im historischen Zusammenhang *H. Butzer*, in: Schmidt-Bleibtreu/Hofmann/Hopfauf (Fn. 6), Art. 54 Rn. 14 ff.

153 Vgl. hierzu *R. Herzog*, Allgemein Staatslehre, 1971, 288; *ders.*, Entscheidung und Gegenzeichnung, FS für Müller, 1970, S. 117 (130 f.).

154 *G. Hindrichs*, JZ 2008, S. 242 (243 f.).

155 *K. Pflieger*, ZRP 2008, 84.

V. Fazit

Die Befugnis des Bundespräsidenten zur Begnadigung hat sich trotz aller Kritik als verfassungsrechtliches Institut bewährt. Sie ist eingebunden in das grundrechtliche Korsett aus Grundrechten und rechtsstaatlichen Prinzipien. Die verfassungspolitische Forderung nach einer gerichtlichen Kontrolle von Gnadenakten muss – selbst wenn man sie für berechtigt hält – in Bezug zur Realität gesetzt werden: Gnadenakte des Bundespräsidenten und auch solche auf der Ebene der Länder sind die Ausnahme. Unser legislatives Handeln weist nur selten echte Mängel auf, unser ausgefeiltes Rechtsschutzsystem lässt für das Gnadenrecht nur wenig Raum, weil echte, in Rechtskraft erwachsene Fehlurteile, die nicht justizimmanent korrigiert wurden, wohl die Ausnahme bilden. Angesichts der geringen Zahlen von Gnadengesuchen bleibt der erwünschte rechtsstaatliche Gewinn einer stärkeren rechtlichen Normierung[156] eher gering. Oder um auch mit einem zutreffenden Zitat *Herzog* zu schließen: „Das Gnadenrecht verbindet sich herkömmlicherweise so sehr mit den ‚zwei Augen' des Staatsoberhauptes, dass ein einseitiger Eingriff von dritter Seite hier völlig ausgeschlossen erscheint."[157]

VI. Statistische Angaben

Statistische Angaben sind im Bundespräsidialamt für die seit dem 1. Juli 1974 entschiedenen Gnadenverfahren erhältlich. Allerdings macht das Bundespräsidialamt keine Angaben darüber, wie viel positive oder negative Entscheide ergingen. Für die Folgezeit lauten die Zahlen:[158]

Bundespräsident Scheel

- 289 Disziplinargnadenentscheidungen
- 12 Strafgnadenentscheidungen

---

156 Vgl. *C. Mickisch,* Die Gnade im Rechtsstaat, 1996, 150 ff., 169 ff.

157 *R. Herzog,* in: Maunz/Dürig (Fn. 2), Art. 60 Rn. 36 zur Frage einer einfachgesetzlichen Beschneidung des bundespräsidialen Gnadenrechtes.

158 Auskunft Bundespräsidialamt.

Bundespräsident Carstens

- 174 Disziplinargnadenentscheidungen
- 18 Strafgnadenentscheidungen

Bundespräsident von Weizsäcker

- 256 Disziplinargnadenentscheidungen
- 40 Strafgnadenentscheidungen

Bundespräsident Herzog

- 90 Disziplinargnadenentscheidungen
- 21 Strafgnadenentscheidungen

Bundespräsident Rau

- 54 Disziplinargnadenentscheidungen
- 2 Strafgnadenentscheidungen

Bundespräsident Köhler

- 25 Disziplinargnadenentscheidungen
- 3 Strafgnadenentscheidungen

Bundespräsident Wulff

- 14 Disziplinargnadenentscheidungen
- Keine Strafgnadenentscheidungen

Die abnehmende Anzahl von Strafgnadenentscheidungen des Bundespräsidenten erklärt sich damit, dass Landesverrat mit dem Ende des „kalten" Krieges ein nicht mehr so häufiges Delikt ist. Und die Täter aus dem Bereich des Links-Terrorismus sind inzwischen nicht mehr in Haft.

Hat Gnade im demokratischen Verfassungsstaat (noch) eine Daseinsberechtigung?

Von *Christian Waldhoff*

„Die Gnade ist ein besonderer Vorzug der Monarchen. In der Republik, deren Prinzip die Tugend ist, ist sie nicht so nötig."

Montesquieu, Vom Geist der Gesetze, Band 1 (ed. Forsthoff), 1992, S. 133

I. Einleitung

Nachdem wir über religiöse Ursprünge von Gnade informiert wurden, uns historische Entwicklungslinien bewusst gemacht haben und schließlich Einblicke in die aktuelle Gnadenpraxis auf Bundes- wie auf Landesebene gewinnen konnten, soll zum Abschluss der verfassungsrechtliche Rahmen mit einer rechtspolitischen Gesamtbewertung verbunden werden. Dabei werden die kritischen Töne überwiegen. Gnade kann in der Verfassungsordnung des Grundgesetzes nur ein Fremdkörper sein[1]. Sie reibt sich mit der Idee des lückenlosen Rechtsschutzes, der für Herrschaftsausübung verfassungsrechtlich fundamental ist. Sie irritiert durch ihre in der Maßstabslosigkeit dokumentierte Irrationalität, die im Übrigen ausgebauten Rechtsschutz wenn nicht unmöglich machen, so doch wesentlich erschweren würde. Sie leidet unter dem Fehlen einer schlüssigen Begründung, denn die in der Literatur erkennbaren Ansätze sind entweder zu stark historisch geprägt und setzen zu kritiklos bei vordemokratischen oder vorkonstitutionellen Vorstellungen des Staatsoberhaupts an oder ergehen sich in nicht überprüften und nicht

---

1 *A. von Arnauld*, in: von Münch/Kunig (Hrsg.), Grundgesetz. Kommentar, Bd. 1, 6. Aufl. 2012, Art. 60 Rn. 8.

überprüfbaren Billigkeitserwägungen. Gnade, will sie vom Recht unterscheidbar bleiben, ist im Kern Willkür und Willkür ist der Feind der Rechtsanwendung[2]. Lassen Sie mich dies durch Zitate zweier prominenter und ziemlich antagonistischer Juristen des 20. Jahrhunderts belegen. *Carl Schmitt* schreibt in der Entwicklung seines dezisionistischen Rechtsdenkens in der berühmt-berüchtigten Schrift „Über die drei Arten des rechtswissenschaftlichen Denkens“ von 1934 bei der Explikation seines „Entscheidungsdenkens“, dass sowohl das päpstliche Unfehlbarkeitsdogma als auch die calvinistische Prädestinationslehre „einen durch juristische und moralische Normativierungen entarteten, echten Rechts- und Ordnungsbegriff, nämlich den der reinen Gnade oder Ungnade, wieder her(stelle)“. „Sie [diese Lehre(n)] gibt diesem Begriff der Gnade, den das Gesetzesdenken stets zu normieren und zu relativieren sucht, die ihm in der rechten Ordnung zukommende Unberechenbarkeit und Unmeßbarkeit zurück; sie verlegt ihn aus einer vermenschlichten, normativistischen Ordnung in die ihm zukommende, über menschliche Normierungen erhabene, göttliche Ordnung zurück.“[3] Ebenfalls zeitgeprägt, dennoch noch für die Gegenwart aufschlussreich, seien hier Äußerungen seinerzeit populärer (Rechts-)Philosophen wiedergegeben. *Gustav Radbruch* spricht von dem „Lichtstrahl aus einem anderen Reiche in die dunkle und kühle Welt des Rechts …, irrational …, dem Wunder innigst verwandt“ – m.E. ein typischer Ausweis des (Straf-)Juristen mit schlechtem Gewissen, wie es in einem anderen, kaum weniger misslungenen berühmten Diktum („Ein guter Jurist kann nur ein Jurist mit schlechtem Gewissen sein“) aufscheint. Gnade bedeute „die unverhohlene Anerkennung der Fragwür-

---

[2] Die neueste grundlegende Untersuchung, *C. Böllhoff,* Begnadigung und Delegation, 2012, geht von einem „amtscharismatischen Charakter“ von Gnade aus und sucht von dieser Position aus, Gnade im demokratischen Verfassungsstaat zu verankern, was vor allem zu einer Einschränkung von Delegationsmöglichkeiten auf bürokratisch agierende Funktionsträger führt.

[3] *C. Schmitt,* Über die drei Arten des rechtswissenschaftlichen Denkens, 1. Aufl. 1934, S. 26.

digkeit alles Rechts"[4]. *Karl Jaspers* schließlich sieht Gnade im Verhältnis zum Recht als einen Vollzug, „der die Auswirkungen des reinen Rechts und vernichtender Gewalt einschränkt", einen „Raum gesetzesfreier Gerechtigkeit"[5]. Stärker rational ausgerichtete Denker – in Bezug auf Gnade müssen *Beccaria* und *Kant* hervorgehoben werden – waren demgegenüber stets kritisch. Ist Gnade damit im Verfassungsstaat „überflüssig"[6]?

Auf der anderen Seite weisen das Grundgesetz dem Bundespräsidenten und sämtliche Landesverfassungen überwiegend den Ministerpräsidenten das Gnadenrecht zu, Gnade ist mithin von allen geltenden deutschen Verfassungen verfassungsrechtlich anerkannt. Dieses Dilemma kennzeichnet den Aufbau meiner Überlegungen: Ich werde zunächst, anknüpfend an die einschlägige Rechtsprechung des Bundesverfassungsgerichts, die geltende Rechtslage aus verfassungsrechtlicher Sicht darstellen, bevor sich in einem zweiten Teil kritische verfassungspolitische Überlegungen anschließen werden.

II. Das Rechtsinstitut der Gnade aus verfassungsrechtlicher Sicht

Art. 60 Abs. 2 des Grundgesetzes weist dem Bundespräsidenten das gegenzeichnungspflichtige[7] Begnadigungsrecht zu („Er

---

4 Rechtsphilosophie, 8. Aufl. 1973, S. 272.

5 Die Schuldfrage, 1946, S. 36.

6 Eher naiv und unbeholfen, ausgehend von einer angeblichen „Modernisierung der Gnade", die sie zum „Bestandteil des Rechts" mache, *K. Blaich*, System und rechtsstaatliche Ausgestaltung des Gnadenrechts, 2012; ähnlich *S. Wiontzek*, Handhabung und Wirkungen des Gnadenrechts, 2008, zusammenfassend S. 388: „Die Gnade stellt eine unverzichtbare Ergänzung des Rechts dar."

7 Str.; wie hier *M. Nierhaus*, in: Sachs (Hrsg.), Grundgesetz. Kommentar, 6. Aufl. 2011, Art. 60 Rn. 11; *H. Butzer*, in: Schmidt-Bleibtreu/Hofmann/Hopfauf (Hrsg.), Grundgesetz. Kommentar, 12. Aufl. 2012, Art. 60 Rn. 55; die Gegenansicht argumentiert unter dem GG wenig überzeugend mit einem – wohl jenseits der Kompetenzordnung stehenden – überkommenen „ureigenen Vorrecht des Staatsoberhaupts", vgl. etwa *K. Stern*, Das Staatsrecht der Bundesrepublik Deutschland, Bd. 2, 1980, § 30 III 6, S. 265.

[der Bundespräsident] übt im Einzelfalle für den Bund das Begnadigungsrecht aus.“; Art. 59 Abs. 1 LVerf NRW lautet: „Der Ministerpräsident übt das Recht der Begnadigung aus. Er kann die Befugnis auf andere Stellen übertragen. Zugunsten eines Mitglieds der Landesregierung wird das Recht der Begnadigung durch den Landtag ausgeübt.“). Die Vorschriften anerkennen damit zugleich die Existenz von Gnade als Kategorie im Verfassungsstaat des Grundgesetzes[8]. Das entspricht zwar der überkommenen Tradition vieler Rechtsordnungen, ist jedoch – wie zu zeigen sein wird – keinesfalls selbstverständlich und zudem verfassungssystematisch problematisch. „Nirgends stellt sich das Grundgesetz deutlicher in die monarchische Tradition als in der Übertragung des ‚königlichen Rechts‘ zur Gnade auf den Bundespräsidenten.“[9] Im Folgenden sind demnach das Rechtsinstitut der Gnade, die verbands- und organkompetenzrechtliche Problematik sowie rechtspolitische und verfassungssystematische Fragen der Gnade auseinander zu halten[10].

Gnade im Rechtssinne – genauer: nach geltendem deutschem Recht – ist „die Befugnis, im Einzelfall eine rechtskräftig erkannte Strafe ganz oder teilweise zu erlassen, sie umzuwandeln oder ihre Vollstreckung auszusetzen“[11]. „Seiner Struktur nach ist das … Gnadenrecht … die nicht justiziable Kompetenz, über den staatlichen Strafanspruch zu verfügen.“[12] Es soll sich um

---

8 *H. Rüping,* Die Gnade im Rechtsstaat, in: Festschrift für Schaffstein, 1975, S. 31 (35); *O. Bachof,* Über Fragwürdigkeiten der Gnadenpraxis und der Gnadenkompetenz, JZ 1983, S. 469 (470).

9 *A. von Arnauld,* in: von Münch/Kunig (Hrsg.), Grundgesetz. Kommentar, Bd. 1, 6. Aufl. 2012, Art. 60 Rn. 7.

10 Vgl. etwa jeweils klar *H. Rüping* (Fn. 8), S. 31 (35); *F.-J. Peine,* Gnade und Rechtsstaat, StVj 1991, S. 299 (301); *H. Holste,* Die Begnadigung – Krönung oder Störung des Rechtsstaates, Jura 2003, S. 738.

11 BVerfGE 25, 352 (358); *F. Geerds,* Art. „Begnadigung und Amnestie“, in: Staatslexikon der Görres-Gesellschaft, Bd. 1, 7. Aufl., 1985, Sp. 612; teilweise weitergehend, für die verfassungsrechtsdogmatische Erörterung jedoch kaum brauchbar, die rechtsphilosophischen Ausführungen etwa bei *G. Radbruch,* Rechtsphilosophie, 8. Aufl., 1973, S. 272 ff.

12 *M. G. Hager,* Chancengleichheit, in: v. Arnauld (Hrsg.), Recht und Spielregeln, 2003, S. 157 (167).

eine rechtlich anerkannte außerrechtliche Kategorie handeln[13]. Vom Gnadenrecht ist in jedem Fall die Kriminalstrafe erfasst. Umstritten ist der weitere Anwendungsbereich; Art. 60 Abs. 2 GG schweigt insofern, der Rückgriff auf Gewohnheitsrecht bzw. praktische Übung ist erforderlich. Dem Bundespräsidenten steht über die Kriminalstrafe hinaus nur das Begnadigungsrecht in Bezug auf Nebenstrafen oder Sanktionen mit strafähnlichem Charakter zu. Darunter fallen Wehrstrafen, Disziplinarstrafen und -maßnahmen gegen Bundesbeamte, Ehrenstrafen der Rechtsanwälte am BGH sowie die Verwirkung von Grundrechten nach Art. 18 GG. Dabei handelt es sich um Annexsanktionen bzw. gleichgewichtige Nachteile im Verhältnis zur Kriminalstrafe. Sanktionen des Ordnungswidrigkeitenrechts wie Bußgelder sind nicht erfasst, sind „entkriminalisiert": Sie fallen hinsichtlich der administrativen Zuständigkeit nicht nur regelmäßig aus der Verbandskompetenz des Bundes[14], es besteht auch der Sache nach kein Bedürfnis, von diesen nicht den Makel des strafrechtlichen Unwerturteils tragenden und in Bezug auf natürliche Personen regelmäßig begrenzten Sanktionen zu befreien[15]. § 50 BBG erstreckt einfachrechtlich das Gnadenrecht auf den Verlust von Beamtenrechten der §§ 48, 49 BBG. Ein hier aktualisiert erneut abgedruckter Beitrag des Chefjuristen des Bundespräsidialamts *Stefan Ulrich Pieper* zu Ehren von *Roman Herzog* berichtet, dass das Disziplinargnadenrecht in Bezug auf Bundesbeamte und Soldaten einen „nicht unerheblichen Anteil an der Gnadenpraxis des Bundespräsidenten" besitze[16].

---

13 *H. Schulze-Fielitz*, Art. „Gnadenakte", in: Heun u.a. (Hrsg.), Evangelisches Staatslexikon, 2006, Sp. 886.

14 *M. Nierhaus* (Fn. 7), Art. 60 Rn. 12; abzustellen wäre hier auf die Verwaltungshoheit, vgl. *H. Butzer* (Fn. 7), Art. 60 Rn. 50.

15 In diese Richtung wohl auch *R. Herzog*, in: Maunz/Dürig, Grundgesetz. Kommentar, Loseblattsammlung, Stand: 66. Lieferung August 2012, Art. 60 Rn. 28.

16 *S. U. Pieper*, Das Gnadenrecht des Bundespräsidenten – eine Bestandsaufnahme, in: FS für Roman Herzog zum 75. Geb., 2009, S. 355 (357).

Art. 60 Abs. 2 GG gewährt das Gnadenrecht in verbands- wie organkompetenzieller Hinsicht: Der Bundespräsident übt es nur „für den Bund“ aus. In den Ländern ist das Gnadenrecht zumeist den Ministerpräsidenten zugewiesen[17]. Für die bundesstaatliche Verteilung wird nicht an das die Verurteilung tragende Recht, sondern an die Trägerschaft des Gerichts angeknüpft[18]. In Strafsachen ist die Gnadenkompetenz des Bundespräsidenten damit von vornherein begrenzt[19]: Für Revisionsentscheidungen des BGH in Strafsachen besteht die Kompetenz nach Art. 60 Abs. 2 GG nicht, da das Verfahren nicht in sämtlichen Instanzen bei Bundesgerichten anhängig war (vgl. § 452 Satz 1 StPO)[20], wohl hingegen für strafgerichtliche Zuständigkeiten v.a. in Staatsschutzsachen nach Art. 96 Abs. 5 GG, wonach durch Bundesgesetz Gerichte der Länder mit der Ausübung von Bundesstrafgerichtsbarkeit betraut werden können (vgl. § 120 GVG – sog. mittelbare Bundesgerichtsbarkeit kraft Organleihe[21]).

Die auf eine lange Tradition zurückreichende, in tatbezogene General- und täterbezogene Individualbegnadigung unterscheidbare Gnade, kulminierte in der Frühen Neuzeit – der Konzentration von Herrschaftsbefugnissen folgend – als Majestätsrecht

---

17 Art. 52 Abs. 1 VerfBaWü; Art. 47 Abs. 4 BayVerf; Art. 92 BrdbgVerf; Art. 109 Abs. 1 und 2 HessVerf; Art. 49 Abs. 1 LVerf MV; Art. 36 Abs. 1 NdsVerf; Art. 59 Abs. 1 LVerf NRW; Art. 103 Abs. 1 LVerf RhPf; Art. 67 Abs. 1 SächsVerf; Art. 85 Abs. 1 VerfLSA; Art. 32 Abs. 1 SchlHVerf; Art. 78 Abs. 2 ThürVerf; nach Art. 81 BerlVerf, Art. 121 Abs. 1 BremVerf, Art. 44 Abs. 1 HambVerf ist jeweils der Senat zuständig; Art. 93 Satz 1 SaarlVerf überträgt die Regelung Ausübung des Begnadigungsrechts dem Gesetz. Zur kompetentiellen Zuständigkeit insgesamt *H. Birkhoff/M. Lemke*, Gnadenrecht, 2012, Rn. 85 ff.

18 Allgemeine Auffassung; rechtspolitisch kritisch *O. Bachof* (Fn. 8), S. 469.

19 Statistische Angaben bei *H. Butzer* (Fn. 7), Art. 60 Rn. 52.

20 *R. Herzog* (Fn. 15), Art. 60 Rn. 33; *H. Butzer* (Fn. 7), Art. 60 Rn. 43 f.

21 Vgl. *A. Voßkuhle*, in: v. Mangoldt/Klein/Starck (Hrsg.), Grundgesetz, 6. Auflage, 2010, Art. 96 Rn. 24; *A. Hense*, in: Isensee/Kirchhof (Hrsg.), Handbuch des Staatsrechts der Bundesrepublik Deutschland, Band VI, 3. Auflage, 2008, § 137 Rn. 29.

in der Person des Landesherrn[22]. Der Begriff der Gnade hat sich in der geschichtlichen Entwicklung in dem oben umschriebenen Sinn verengt und präzisiert[23]. Historisch gesehen bestand somit lange Zeit eine Korrespondenz zwischen Herrschafts- und Begnadigungsbefugnissen. Dieser Gleichlauf besteht unter dem Grundgesetz nicht mehr – ein zentrales Problem der Rechtfertigung des Instituts der Gnade[24]. Die Generalbegnadigung wird heute als Amnestie bezeichnet und erfolgt durch Gesetz[25]; sie ist nicht Gegenstand der Regelung von Art. 60 GG, da für die Amnestie zuständiges Staatsorgan der Bundestag ist[26]. Das hat das Bundesverfassungsgericht bereits sehr früh – im zweiten Band seiner Entscheidungssammlung – erkannt und verdeutlicht[27]: „Die Anschauungen über das Wesen der ‚Amnestie' haben sich jedoch mit der staatsrechtlichen Entwicklung vom alten Obrigkeitsstaate zum modernen demokratischen Rechtsstaat gewandelt. Im Volksbewusstsein wird die Gewährung von Amnestie nicht mehr als Ausfluss einer dem Recht vorgehenden Gnade, sondern als Korrektur des Rechts selbst empfunden. Au-

22 Vgl. ausführlich *T. Brückner,* Das ‚Ius Aggratiandi': Gnade und Recht und ihre Interaktion in der rechtswissenschaftlichen Literatur der Frühen Neuzeit, 2001, S. 57; ferner BVerfGE 25, 352 (358 f.); *H. Rüping* (Fn. 8), S. 31; *D. Merten,* Rechtsstaatlichkeit und Gnade, 1978, S. 30 ff.; *G. Mörtel,* BayVBl. 1968, S. 81; *Kant* bezeichnet das Begnadigungsrecht als „unter allen Rechten des Souveräns das schlüpfrigste", Die Metaphysik der Sitten, metaphysische Anfangsgründe der Rechtslehre § 49 E II, in: ders. (ed. Weischedel), Band 4, 1975, S. 459 f.

23 Vgl. auch *G. Radbruch* (Fn. 11), S. 274; Überblick über die historische Entwicklung bei *Birkhoff/Lemke* (Fn. 17), Rn. 1 ff.; v.a. der Beitrag von *von Mayenburg* in diesem Band.

24 *A. von Arnauld,* in: von Münch/Kunig (Hrsg.), Grundgesetz. Kommentar, Bd. 1, 6. Aufl. 2012, Art. 60 Rn. 7. Vgl. auch *Montesquieu,* Vom Geist der Gesetze, Band 1 (ed. Forsthoff), 1992, S. 133: „Die Gnade ist ein besonderer Vorzug der Monarchen. In der Republik, deren Prinzip die Tugend ist, ist sie nicht so nötig."

25 Ausführlich *F. Süß,* Studien zur Amnestiegesetzgebung, 2001; *K. Marxen,* Rechtliche Grenzen der Amnestie, 1984; ferner *Birkhoff/Lemke* (Fn. 17), Rn. 46 f.

26 Zur Zulässigkeit und zu den verfassungsrechtlichen Bindungen BVerfGE 2, 213 (221 f.); 10, 234.

27 BVerfGE 2, 213; 10, 234.

ßerdem entspricht es dem Wesen des modernen Rechtsstaates, dass Amnestie nicht mehr durch einen Gnadenerweis des Staatsoberhauptes, sondern gesetzlich gewährt wird."[28] Als bundesstaatlicher Kompetenztitel ist daher auf Art. 74 Nr. 1 (heute: Art. 74 Abs. 1 Nr. 1) GG zurückzugreifen; für die generell-abstrakte Niederschlagung von Strafverfahren folgt dies aus der konkurrierenden Gesetzgebungskompetenz des Bundes für das gerichtliche Verfahren. „Die Gewährung von Straffreiheit ... ist nicht, wie von der überkommenen Lehre vielfach angenommen wird, ein Verwaltungsakt in Gesetzesform, sondern ein Gesetz im materiellen Sinn. Es werden nicht wie bei der Einzelbegnadigung die Straffolgen von Einzelfällen, sondern von einer unübersehbaren und unbestimmten, nach Typen gekennzeichneten Zahl von Straftaten geregelt. Zwar schweben dem Gesetzgeber, der Straffreiheit gewährt, typische Einzelfälle vor; diese sind aber nur Anlass oder Beweggrund, nicht aber Gegenstand seiner Regelung."[29]

Daneben kann noch die Abolition beschrieben werden, die Niederschlagung eines anhängigen Strafverfahrens[30]; für dieses Rechtsinstitut besteht jenseits der strafprozessual vertypten Verfahrensbeendigungsgründe und jenseits einer gesetzlichen Amnestie im demokratischen Verfassungsstaat keinerlei Rechtfertigung[31].

Gnadenerweise betreffen ausschließlich die Rechtsfolgen bestimmter mit Sanktionen bedrohter Rechtsverletzungen, die Rechtsverletzung als solche wird durch die Ausübung von Gnade nicht berührt, der Täter wird nicht entschuldigt; die Übung

---

28 BVerfGE 2, 213 (219).

29 BVerfGE 2, 213 (222).

30 *Birkhoff/Lemke* (Fn. 17), Rn. 48. Zur historischen Entwicklung wiederum *D. Merten* (Fn. 22), S. 42 ff.

31 Vgl. explizit Art. 52 Abs. 2 Verf BaWü: „Ein allgemeiner Straferlass und eine allgemeine Niederschlagung anhängiger Strafverfahren können nur durch Gesetz ausgesprochen werden." Art. 121 Abs. 3 Satz 2 BremVerf.: „Die Niederschlagung einer einzelnen gerichtlich anhängigen Strafsache ist unzulässig." Vgl. ferner Art. 44 Abs. 2 HambVerf.; Art. 109 Abs. 3 Hess Verf.; Art. 59 VerfNRW.

von Gnade ist somit keine Korrektur eines Richterspruchs, sondern eine Korrektur der damit verbundenen Sanktionen[32].

Die Justiziabilität von Gnadenentscheidungen[33] wurde durch eine schwach begründete Entscheidung des Bundesverfassungsgerichts aus dem Jahr 1969 mit Stimmengleichheit des Zweiten Senats verneint[34]: Der Grundgesetzgeber habe das Institut des Begnadigungsrechts „in seinem historisch überkommenen Sinn übernommen“[35]. Dieses in Art. 60 Abs. 2 GG normierte Recht bestehe in der Befugnis, im Einzelfall eine rechtskräftig verhängte Strafe ganz oder teilweise zu erlassen, sie umzuwandeln oder ihre Vollstreckung auszusetzen. „Das Grundgesetz knüpft die Ausübung des Begnadigungsrechts nicht an bestimmte normative Voraussetzungen. Es legt dem Gesetzgeber nicht auf, solche Voraussetzungen zu schaffen und eröffnet nicht einmal die Möglichkeit hierzu, da dies eine Bindung und Beschränkung bedeuten würde, die nach der unbedingten Übertragung des Begnadigungsrechts auf den Bundespräsidenten ... nicht zulässig wäre.“[36] Dieses Recht begründe die Befugnis seines Trägers, „da helfend und korrigierend einzugreifen, wo die Möglichkeiten des Gerichtsverfahrens nicht genügen“[37]. Das Gnadenrecht liege quer zur Gewaltenteilung und könne daher auch nicht an den Sicherungen daraus teilhaben: „Aus dem System und Gesamtgefüge des Grundgesetzes ergibt sich, dass Art. 19 Abs. 4 GG für Gnadenentscheidungen nicht gilt.“[38]

---

32 *F. Geerds,* Gnade, Recht und Kriminalpolitik, 1960, S. 9 f.; *D. Merten* (Fn. 22), S. 48 f., 57 f.; insofern nicht eindeutig *G. Radbruch* (Fn. 11), S. 272.

33 Gesamtdarstellungen bei *D. Dimoulis,* Die Begnadigung in vergleichender Perspektive, 1996, S. 174 ff.; *C. Mikisch,* Gnade im Rechtsstaat, 1996, S. 157 ff.

34 BVerfGE 25, 352; in obiter dicta bestätigt in BVerfGE 30, 108 (110 f.); 45, 187 (242 f.); 66, 337 (363); viel zu plakativ und ohne Substanz für eine umfassende Justiziabilität *K. Blaich,* System und rechtsstaatliche Ausgestaltung des Gnadenrechts, 2012, S. 66 ff., 287.

35 BVerfGE 25, 352 (358).

36 BVerfGE 25, 352 (361).

37 BVerfGE 25, 352 (361).

38 BVerfGE 25, 352 (362).

Dies wurde jedoch wenig später in einem Fall anders gesehen, in dem es um den Widerruf eines Gnadenerweises ging[39]: „Durch den Gnadenerweis wird die Wirkung des Urteils umgestaltet. So werden bei einer gnadenweisen Strafaussetzung zur Bewährung dem Verurteilten einerseits Pflichten auferlegt, andererseits aber auch Freiheitsrechte eingeräumt, auf deren Wahrung er sich verlassen und auf deren Fortbestand er vertrauen kann, solange er seine Verpflichtungen erfüllt. Infolge der Umgestaltung der Rechtsstellung des Verurteilten durch den Eingriff in den Bereich der Rechtspflege ist nunmehr nicht mehr das Urteil, sondern die Entscheidung der Exekutive bestimmend. Wie vorher die Vollstreckungsbehörde durch das rechtskräftige Urteil, so ist nunmehr die Exekutive durch ihre Gnadenentscheidung gebunden. Der dem Verurteilten gewährte Freiheitsraum unterliegt nicht mehr der freien Verfügung der Exekutive … Anders als die Ablehnung eines Gnadenerweises, auf den ein Anspruch nicht besteht, ist demnach jede, den Verurteilten belastende Entscheidung der Gnadenbehörden dann ein rechtlich gebundener Akt, wenn sie eine dem Verurteilten zuvor im Gnadenwege eingeräumte Rechtsstellung verschlechtert. Dies gilt für den Widerruf des Gnadenerweises ebenso wie für die Ablehnung des Straferlasses nach Ablauf der Bewährungszeit. Diese Entscheidungen der Gnadenbehörden unterliegen der gerichtlichen Kontrolle nach Art. 19 Abs. 4 GG.“[40]

Zusammengefasst bedeutet diese Rechtsprechung: Durch die Rezeption in seinem „geschichtlich überkommenen Sinn“ handele es sich bei dem Gnadenakt zwar um einen solchen der Exekutive, der sich gleichwohl dem Gewaltenteilungsschema entzie-

---

39 BVerfGE 30, 108.

40 BVerfGE 30, 108 (110 f.); vgl. zuletzt im Zusammenhang mit dem Begehren auf einen Rechtsbeistand BVerfG, 1. Kammer des Zweiten Senats, Beschluss vom 27. September 2012 – 2 BvR 1766/12, Rn. 15: „Die Justiziabilität von Gnadenentscheidungen ist komplex und bedarf differenzierter Beurteilung … Ihre Kenntnis kann beim Rechtssuchenden allgemein und jedenfalls beim Beschwerdeführer als juristischem Laien nicht vorausgesetzt werden, zumal sich aus der Gnadenordnung Rheinland-Pfalz keine Anhaltspunkte für einen möglichen Rechtsbehelf ergeben.“

he und daher aus dem Anwendungsbereich der Rechtsschutzgarantie des Art. 19 Abs. 4 GG herausfalle[41]. Da die Gnade nach diesem Verständnis nicht rechtsgebunden ist, kann es folglich auch nicht zu einer für Art. 19 Abs. 4 GG erforderlichen Rechtsverletzung kommen[42]. Lediglich der Widerruf eines Gnadenerweises sei als Rechtsakt selbst justiziabel[43]. Das Schrifttum hat in seinem Bemühen um lückenlosen Rechtsschutz dieser Judikatur ganz überwiegend widersprochen[44], sieht sich dann allerdings vor das Problem gestellt, Prüfungsmaßstäbe für eine gerichtliche Kontrolle zu finden. Letztlich kann es bei einer Bejahung der Justiziabilität von Gnadenentscheidungen nur um eine Art Verfahrens- und Missbrauchskontrolle gehen[45]. Die Diskussion über die Justiziabilität von Gnadenentscheidungen führt angesichts der nicht greifbaren Rechtsnatur der Gnade und fehlender Rechtsmaßstäbe für ihre Ausübung – mit der die Begründungsfreiheit von Gnadenakten korrespondiert – in Aporien, die letztlich das Rechtsinstitut selbst in einer ausgefeilten und ausgebauten Verfassungsordnung in Frage stellen müssen. Darauf werde ich zurückkommen.

---

41 BVerfGE 25, 352 (361 f.); als obiter dictum wiederholt in BVerfGE 30, 108; 45, 187 (243); Kammerentscheidung: Dritte Kammer des Zweiten Senats vom 3. Juli 2001 – 2 BvR 1039/01; aus der Landesverfassungsgerichtsbarkeit BayVerfGHE 18, 140; 24, 54; 29, 38; HessStGH NJW 1974, 791; aus der Verwaltungsrechtsprechung BVerwGE 14, 73 (74 ff.); BVerwG DVBl. 1982, 1147.

42 *W. Seuffert,* Über gerichtsfreie Akte und die Grenzen des Rechts, in: Festschrift für Müller, 1970, S. 491 (493).

43 BVerfGE 30, 108.

44 *W.-R. Schenke,* in: Kahl/Waldhoff/Walter (Hrsg.), Bonner Kommentar, Grundgesetz, Loseblatt, Stand: 166. Ergänzungslieferung, März 2014, Art. 19 Abs. 4 Rn. 232 ff.; *E. Schmidt-Aßmann,* in: Maunz/Dürig (Hrsg.), Grundgesetz, Loseblatt, Stand: 66. Ergänzungslieferung, August 2012, Art. 19 Abs. 4 Rn. 80; *H. Monz,* NJW 1966, S. 137; *F.-L. Knemeyer,* DÖV 1970, S. 121; *D. v. Preuschen,* NJW 1970, S. 458; *H. Trautmann,* MDR 1971, S. 173; *H. Kauther,* VR 1978, S. 193; *F.-J. Peine* (Fn. 41), S. 299; *D. Hömig,* DVBl. 2007, S. 1328; vor der Entscheidung bereits *F. Geerds* (Fn. 32), S. 36; a. A. etwa *M. Schütte,* JA 1999, S. 868.

45 *O. Bachof* (Fn. 8), S. 469 (472); *E. Schmidt-Aßmann* (Fn. 44), Art. 19 Abs. 4 Rn. 80.

Das Bundesverfassungsgericht hat sich in zwei weiteren Entscheidungen mit dem Institut der Gnade befasst. In seiner Entscheidung zur Verfassungsmäßigkeit der lebenslangen Freiheitsstrafe[46] (in Abgrenzung zur Begnadigung) führt es aus, dass das Institut der Gnade wegen der uneinheitlichen Handhabung und wegen der aus der Natur der Sache begrenzten Möglichkeit zur Verrechtlichung nicht in der Lage sei, Defizite der lebenslangen Freiheitsstrafe in Bezug auf die Grundrechte des Häftlings zu kompensieren.

Schließlich wurde Gnade noch in ihrem Spannungsverhältnis zur staatlichen Pflicht zur Strafverfolgung in Karlsruhe thematisiert[47]: „Die verfassungsrechtliche Pflicht des Staates, eine funktionstüchtige Strafrechtspflege zu gewährleisten, umfasst danach seine Pflicht, die Durchführung eingeleiteter Strafverfahren und die Vollstreckung rechtskräftig erkannter (Freiheits-)Strafen sicherzustellen. Der Staat kann und darf hierauf – abgesehen vom Fall der Amnestie – nicht nach seinem Belieben generell oder im Einzelfall verzichten; das Prinzip der Rechtsstaatlichkeit, die Pflicht des Staates, die Sicherheit seiner Bürger und deren Vertrauen in die Funktionsfähigkeit der staatlichen Institutionen zu schützen, und der Anspruch aller in Strafverfahren Beschuldigter auf Gleichbehandlung erfordern vielmehr grundsätzlich, dass der Strafanspruch durchgesetzt, also auch eingeleitete Verfahren fortgesetzt und rechtkräftig verhängte Strafen vollstreckt werden.“ Hiervon gebe es zum einen in StGB und StPO verankerte gesetzliche Ausnahmen. „Neben diesen gesetzlich geregelten bzw. regelungsbedürftigen Fällen kann der Staat von der Vollstreckung einer rechtskräftig erkannten Strafe allein dadurch absehen, dass er den Verurteilten begnadigt. Die Begnadigung ist jedoch nur als Ergebnis der Prüfung denkbar, ob besondere Umstände den Verurteilten des Gnadenerweises würdig erscheinen lassen.“

Zum Abschluss meines Teils, der sich mit dem geltenden Recht befasst, sei noch die Frage aufgeworfen wie das Gnaden-

---

46 BVerfGE 45, 187 (242 ff.).

47 BVerfGE 46, 214.

wesen auf Bundesebene organisatorisch aussieht (zur Landesebene haben wir ja soeben schon etwas gehört)? Die Delegationsmöglichkeit gem. Art. 60 Abs. 3 GG bezieht sich auch auf das Begnadigungsrecht des Bundespräsidenten[48]. Ein Gesetzesvorbehalt wie in Abs. 1 besteht hier freilich nicht. Der Bundespräsident hat von der Delegationskompetenz durch die „Anordnung des Bundespräsidenten über die Ausübung des Begnadigungsrechts des Bundes“ vom 5. Oktober 1965[49] mit späteren Änderungen umfassend Gebrauch gemacht[50]. Einzelheiten zum Verfahren sind in Verwaltungsvorschriften niedergelegt. Die weitsichtige neue Arbeit von *Cornelius Böllhoff* hat auf den Grundwiderspruch aufmerksam gemacht, dass die Gnade im Verfassungsstaat nur mit so etwas wie „Amtscharisma“ erklärt und gerechtfertigt werden kann, dass durch die Delegation auf nach bürokratischem Muster agierende Verwaltungskräfte hier jedoch ein unheilbarer Bruch zu Tage tritt[51].

III. Rechtspolitische Bedenken gegenüber der Kategorie der Gnade im demokratischen Verfassungsstaat

Das Gnadenrecht des Bundespräsidenten und damit das Rechtsinstitut der Gnade ist geltendes Recht[52]. Dies ist unbezweifelbarer Aussagegehalt von Art. 60 Abs. 2 GG. Für das Landesrecht gilt Entsprechendes. Diese Feststellungen entbinden nicht von einer kritischen rechts- und verfassungspolitischen Diskussion über die Funktion von Gnade im demokratischen Verfassungsstaat des Grundgesetzes[53].

---

48 Hier ist der zentrale Ansatzpunkt der eindrucksvollen Dissertation von *C. Böllhoff*, Begnadigung und Delegation, 2012.

49 BGBl. I 1573; auch abgedruckt bei *H.-G. Schätzler*, Handbuch des Gnadenrechts, 2. Auflage, 1992, S. 269 ff.

50 Zu den Einzelheiten des Gnadenorganisationsrechts *H.-G. Schätzler* (Fn. 49), S. 161 ff. m. w. N. und Rechtsquellen.

51 Zusammenfassend *C. Böllhoff*, Begnadigung und Delegation, 2012, S. 199 ff.

52 Rechtsvergleichende Überblicke bei *J. G. Schätzler* (Fn. 49), S. 146 ff.; *D. Dimoulis* (Fn. 33).

Ein zu wenig reflektierter Affekt gegen sog. Rechtsrigorismus, auf den Begriff gebracht in überkommenen Rechtssentenzen wie „summum ius summa iniuria“[54] oder „fiat iustitia et pereat mundus“[55], sieht in der Gnade ein notwendiges, nichtrechtliches, jedoch von der Rechtsordnung anerkanntes Korrektiv als „Gerechtigkeitspuffer“ oder „Sicherheitsventil“ (*Rudolf von Jhering*)[56]. Die zahlreichen literarischen Behandlungen des Phänomens der Gnade vermögen, sofern sie sich überhaupt bemühen, diese nicht konsistent in die Verfassungsordnung des Grundgesetzes einzufügen. Rechtsfreie Räume sind unter dem Grundgesetz grundsätzlich nicht möglich, die ganze Anlage der Verfassung würde auf das Postulat einer Verrechtlichung der Gnade hinauslaufen[57]; dies widerspräche jedoch dem Proprium von Gnade als Korrektiv rechtlicher Entscheidungen mit *außerrechtlichen* Mitteln. „Eine solche Verrechtlichung im Ansatz nimmt der Gnade das wesenhaft Außeralltägliche und überführt sie in die Normalität des gewaltenteiligen Staatsaufbaus.“[58] Zudem scheiterte eine Verrechtlichung an den fehlenden inhaltlichen Maßstäben[59]: Gnade erweist sich schon begrifflich als nicht nor-

---

53 Zur Notwendigkeit des Auseinanderhaltens dieser Ebenen *H. Rüping* (Fn. 8), S. 31 (35); *F.-J. Peine* (Fn. 10), S. 299 (301).

54 Dazu *D. Liebs*, Lateinische Rechtsregeln und Rechtssprichwörter, 1983, S. 203; *G. Eisser*, Zur Deutung von „Summum ius summa iniuria“ im römischen Recht, in: Summum ius summa iniuria, 1963, S. 1.

55 Zu der Tradition von Fehlübersetzungen und -deutungen eingehend *D. Liebs* (Fn. 54), S. 73 f.; umfassend jetzt *R. Zaczyk*, „Fiat iustitia, pereat mundus“ – Zu Kants Übersetzung der Sentenz, in: Festschrift für Krause, 2006, S. 649.

56 Vgl. etwa *W. Seuffert* (Fn. 42), S. 491 (500 f.).

57 Eindringlich *F. Geerds* (Fn. 32); teilweise abweichend *D. Merten* (Fn. 22), S. 74 ff.

58 *A. von Arnauld*, in: von Münch/Kunig (Hrsg.), Grundgesetz. Kommentar, Bd. 1, 6. Aufl. 2012, Art. 60 Rn. 10; so auch der Hauptkritikpunkt von *C. Böllhoff*, Begnadigung und Delegation, 2012, der vom „Amtscharisma“ als dem Hintergrund der Gnade ausgeht.

59 Insofern kann zwar eine „Gnadenpraxis“, können aber nicht gnadenrechtliche Maßstäbe beschrieben werden, vgl. etwa *K. Stern*, in: ders. (Hrsg.), Staatsrecht der Bundesrepublik Deutschland, Band III/1, 1988, § 74 II 6, S. 1370.

mierbare Kategorie[60]. Würde sie gleichwohl verrechtlicht, wäre sie Teil der Rechtsordnung i. e. S. geworden[61]. Auch das Bundesverfassungsgericht[62] hat bei dem Versuch Gnade, Verrechtlichung und lückenlosen Rechtsschutz zu koordinieren in der Sache letztlich kapitulieren müssen: Gnade und der Rechtsstaat des Grundgesetzes bleiben einander notwendigerweise fremd, weil es sich um inkommensurable Kategorien handelt.

Der Hinweis auf die historische Bedingtheit des Phänomens der Gnade entbindet nicht von ihrer Rechtfertigung im geltenden Recht. Keiner der historischen Ansätze ist unter dem Grundgesetz noch anschlussfähig[63]: Jeglicher sakrale Begründungsversuch[64] scheitert an der nichtmetaphysischen Legitima-

---

60 Vgl. *C. Schmitt,* Über die drei Arten des rechtswissenschaftlichen Denkens, 2. Auflage, 1993, S. 22; *G. Radbruch* (Fn. 11), S. 273; gleichwohl spricht *F. Streng,* Strafrechtliche Sanktionen, 2. Auflage, 2002, Rn. 36 von einer Verrechtlichung der modernen Gnade durch die Gnadenpraxis.

61 *G. Radbruch* (Fn. 11), S. 273: „Auch die Gnade strebt nach Allgemeingültigkeit der ihr zugrunde liegenden Maximen, und aus Maximen, nach denen das Begnadigungsrecht gehandhabt wurde, sind in der Rechtsgeschichte wiederholt neue Rechtssätze hervorgegangen ... Aber sobald Richtlinien der Gnade die Form gesetzgebungsreifer Normen angenommen haben, hört, streng genommen, die Kompetenz der Gnade auf.“ Kritisch aus schweizerischer Perspektive *G. Müller,* Reservate staatlicher Willkür – Grauzonen zwischen Rechtsfreiheit, Rechtsbindung und Rechtskontrolle, in: Festschrift für Huber, 1981, S. 109 (113).

62 Vgl. die Nachweise oben in Fn. 34 ff.

63 Überzeugend *H. Huba,* Der Staat 29 (1990), S. 117 (119 f. und passim); ferner *H. Rüping* (Fn. 8), S. 31 (35 ff.); *G. Schneider,* MDR 1991, S. 101 (102); *H. Holste* (Fn. 10), S. 738 (740 f.).

64 Eingehend *G. Radbruch,* Gerechtigkeit und Gnade, abgedruckt in: ders., Rechtsphilosophie, 8. Auflage, 1973, S. 329. Nichtssagend *J.-G. Schätzler* (Fn. 49), S. 4: „Gnade ist eine Sache [!] des Gewissens, des Gemüts, des Herzens, Gnade umschließt Verzeihen, Vergeben, Vergessen, Milde.“; ebd., S. 5: „Dass Recht nicht ohne Gnade sein kann, lehrt uns das Leben.“; ebd., S. 7: „Die Existenz der Gnade ist nur metaphysisch zu begründen.“ Bezeichnend ist in diesem Zusammenhang auch der ständige Rekurs auf die „Rechtsidee“, auf einen angeblichen „Rechtswert“ und auf literarische „Klassiker“ wie insbesondere Shakespeare, vgl. bereits aus-

tion von Herrschaft in der Gegenwart[65]; Gnade als Vorrecht des Staatsoberhaupts erweist sich wie kaum eine andere Kompetenz des Bundespräsidenten als unreflektierte, unkritisch forttransportierte Schlacke aus nicht anschlussfähigen Epochen der Verfassungsgeschichte, als Fremdkörper im Verfassungssystem des Grundgesetzes[66]. Unbefriedigend bleibt – trotz der Gegenzeichnungspflichtigkeit – schon die organkompetenzielle Zuordnung zum Bundespräsidenten, einem letztlich politisch nicht verantwortlichen Staatsorgan[67]. Was im Systemgefüge absolutistischer Herrschaft oder etwa auch des konstitutionellen Staatsrechts seine Berechtigung haben mochte, passt unter dem Grundgesetz schlicht nicht mehr in die organschaftliche Architektur der Verfassung. Viel zu wenig wird in der Diskussion über Gnade berücksichtigt, dass im Lauf eines langen Prozesses die ganz überwiegenden Topoi aus dem Gnadendiskurs inzwischen Eingang in die Rechtsordnung selbst gefunden haben; die Verrechtlichung der Gnade hat stattgefunden, wurde nur nicht stets bemerkt[68].

---

führlich *W. Grewe,* Gnade und Recht, 1936, S. 97; *A. Kaufmann,* NJW 1984, S. 1062; das mag Bildungserlebnisse zu vermitteln, sagt aber über die rechtssystematische Erfassung von Gnade nichts aus.

65 *W. Grewe* (Fn. 64), S. 17.

66 *F. Geerds* (Fn. 32), S. 24; teilweise abweichend *D. Merten* (Fn. 22), S. 71 f.

67 Grds. a. A. offenbar *M. Nettesheim,* in: Isensee/Kirchhof (Hrsg.), Handbuch des Staatsrechts der Bundesrepublik Deutschland, Band III, 3. Auflage, 2005, § 62 Rn. 51.

68 *G. Radbruch* (Fn. 11), S. 273; *K.-M. Kodalle,* Das „Recht der Gnade" im Rechtsstaat, in: Kühl/Seher (Hrsg.), Rom, Recht, Religion, 2011, S. 401 (415 und öfter); *H. Rüping* (Fn. 8), S. 31 (32 ff.); *D. Merten* (Fn. 22), S. 61: „Die Normenstrenge kann nur durch einen in die Norm integrierten Billigkeitsspielraum gelockert werden …"; andererseits differenziert *ders.,* S. 60, nicht hinreichend zwischen dem Rechtsrigorismus vergangener Jahrhunderte und der ohnehin weitreichend flexiblen Rechtsordnung und Rechtsanwendung in der Gegenwart; ferner *H. Holste* (Fn. 10), S. 738 (741 f.). Mit Verrechtlichung der Gnade ist hier das Hinüberwandern von gnadenrechtlichen Argumentationsfiguren in die Rechtsordnung selbst gemeint, nicht die mehr oder weniger überzeugenden Versuche, Gnade und Gnadenverfahren zu verrechtlichen, vgl. zu letzterem *A. Maurer,* Das Begnadigungsrecht im modernen Verfassungs- und Kriminalrecht, 1979, S. 13 ff., 135 ff.

Durch diese Verrechtlichung handelt es sich allerdings nicht mehr um Gnade, sondern um Recht[69]. Dies ist in der Sache positiv zu werten, nehmen die ursprünglich gnadenrechtlichen Kategorien so doch an den Wohltaten des Rechtsstaats, an seiner spezifischen Rationalität und insbesondere am Rechtsschutz teil[70]. Die (Straf-)Rechtsordnung hat durch zahlreiche Instrumentarien der Strafzumessung wie auch der Strafvollstreckung von einer älteren Gnadenpraxis „gelernt“[71]; die Rechtsordnung ist nicht einmal mehr im Ansatz ähnlich rigoros und unflexibel, wie in vergangenen Epochen, in denen die Kategorie der Gnade kompensatorische Funktionen erfüllte. Der Jenaer Philospoph *Klaus M. Kodalle* spricht hier vom Einbau von Elementen der Nachsicht, v.a. die Tätermotiviation betreffend, in das Strafrecht: „Die Strafgerichtsbarkeit ist in ihren normativen Festlegungen durchsetzt von Betrachtungen, die man eher als zur persönlich-privaten Sphäre gehörig zählen würde. Gemeint sind all die Fragen, die sich auf die Motivation, auf die Geistesverfassung, die Intentionen und die Umstände eines verbrecherischen Vorgangs beziehen. Wenn schließlich ein Urteil ergeht, sind all diese ‚weichen‘ Gesichtspunkte ja schon berücksichtigt. Mithin sind in unser Strafrecht sehr wohl *Elemente der Nachsicht* eingebaut. Zu denken ist hier weiterhin an die Zubilligung sogenann-

---

69 Zur vollständigen Verdrängung der Gnade aus dem Zivilrecht durch Verrechtlichung instruktiv *H. Rüping* (Fn. 8), S. 31 (33 f.).

70 Vgl. etwa *K. Stern* (Fn. 59), § 74 II 6, S. 1375.

71 *H. Huba* (Fn. 63), S. 117 (124); *F. Streng* (Fn. 60), Rn. 38; die Strafaussetzung zur Bewährung ist zumindest teilweise als Institut der Ausübung von Gnade entstanden, vgl. *H. Rüping* (Fn. 8), S. 31 (34 f.); *J.-G. Schätzler* (Fn. 49), S. 141 ff., 189 ff.; ein besonders plastisches Beispiel bietet die Judikatur des Bundesverfassungsgerichts zur Verfassungsmäßigkeit der lebenslangen Freiheitsstrafe, BVerfGE 45, 187, mit der anschließenden Gesetzeskorrektur, § 57a StGB, dazu ebenfalls m.w.N. *J.-G. Schätzler* (Fn. 49), S. 40 ff., 97 ff.; gleichwohl Anwendungsbereiche für Gnadenentscheidungen sieht *G. Kett-Straub*, GA 2007, S. 332, mit einem Vergleich der inzwischen in das geltende Strafrecht integrierten, ursprünglich „gnadenrechtlichen“ Institute. Problematische Verwischung der im Text getrennten Ebenen in der (freilich schon älteren) Darstellung bei *R. Drews*. Das deutsche Gnadenrecht, 1971; allgemein zu der Beziehung zwischen Gnade und Kriminalpolitik *F. Geerds* (Fn. 32).

ter mildernder Umstände, an die Aussetzung einer Strafe zur Bewährung und ähnliches. Zu verweisen ist auch auf die vielerorts geübte Praxis, junge straffällig gewordene Erwachsene, wenn irgend möglich, nach dem Jugendstrafrecht abzuurteilen. Zu erinnern ist des Weiteren an den sogenannten Täter-Opfer-Ausgleich. ... Unser Rechtssystem kennt für den Normalfall der Rechtsverletzung durchaus Rücksichten, die einem Geist der Verzeihung *entsprechen* und die eine strenge Rechtskonsequenz gewissermaßen abblocken. Denn unter rigiden Gerechtigkeitskriterien versteht sich dies alles überhaupt nicht von selbst. Vielmehr *relativiert* hier ein Geist der Verzeihung die an sich unerbittliche Rechtslogik. Also: Gnade *im* Recht."[72] An anderer Stelle spricht *Kodalle* anschaulich von der „eingebauten Gnade im Rechtsstaat": Diese „institutionalisierte Formen eines Geistes der Gnade" sei von „okkasionellen Gnadenakten des demokratischen Souveräns" abzugrenzen[73].

Selbst das Bedürfnis nach Gnade lässt sich so – unabhängig von den dadurch heraufbeschworenen verfassungsrechtlichen Aporien – in der geltenden Rechts- und Verfassungsordnung praktisch kaum noch rational begründen. Rechtspolitisch sprechen somit – unabhängig von der Chancenlosigkeit eines solchen Petitums – die besseren Argumente für eine Abschaffung des Instituts der Gnade[74]. Das Problem entschärft sich teilweise dadurch, dass der Anwendungsbereich von Gnade angesichts der aufgezeigten Verrechtlichung tendenziell schrumpft[75].

Die hier vertretene rechtspolitische Verwerfung des Instituts der Gnade im demokratischen Verfassungsstaat betrifft nicht die

---

72 *K.-M. Kodalle,* Das „Recht der Gnade" im Rechtsstaat, in: Kühl/Seher (Hrsg.), Rom, Recht, Religion, 2011, S. 401 f.

73 Ebd., S. 417.

74 Ähnlich für die „echte" Gnade in Abgrenzung zu einer „verrechtlichten" Gnade *H. Rüping* (Fn. 8), S. 31 (42 ff.); grds. a. A. *C. Mikisch* (Fn. 33), insbes. S. 150.

75 *H. Schulze-Fielitz* (Fn. 13), Sp. 886 (887); gegen die These von dem Überflüssigwerden von Gnade etwa *S. U. Pieper,* Das Gnadenrecht des Bundespräsidenten – eine Bestandsaufnahme, in: FS für Roman Herzog zum 75. Geb., 2009, S. 355 (374).

Möglichkeit von Amnestiegesetzen: Hier agiert dasjenige Staatsorgan, das auch die Gesetze schafft, gleichsam mit einem partiellen actus contrarius: „Der rechtsstaatliche Primat des Gesetzes bleibt gewahrt, wenn und soweit die Gnade selbst in Gesetzesform gegossen wird.“[76] Zudem sind alle Sicherungsinstrumentarien der parlamentarischen Gesetzgebung, insbesondere die parlamentarische Öffentlichkeit gewahrt, um die Amnestie vor dem demokratischen Legitimationssubjekt politisch zu rechtfertigen. Die Gleichheit ist durch das generell-abstrakte Gesetz und die damit zusammenhängenden verfassungsrechtlichen Bindungen gewährleistet.

IV. Schluss

Das Institut der Gnade im Verhältnis zum Recht lässt sich ideengeschichtlich und historisch rekonstruieren. Es hat in der Entwicklungsgeschichte des Rechts, v.a. des Strafrechts, eine wichtige Funktion ausgefüllt. Heute lässt sich Gnade im demokratischen Verfassungsstaat, zumal ausgeübt durch das Staatsoberhaupt oder einen Regierungschef, kaum mehr sinnvoll begründen. Gnade reibt sich mit praktisch allen verfassungsrechtlichen Grunddeterminanten, der Gewaltenteilung, angesichts ihrer Irrationalität und Einzelfallbezogenheit der rationalisierenden Funktion des allgemeinen Gesetzes und damit der Rechtsstaatlichkeit schlechthin, angesichts ihrer Maßstabsarmut der Bestimmtheit von Strafnormen, der Rechtsschutzgarantie als justizfreier Hoheitsakt; Gnade ist damit „verantwortungslos“ im doppelten Wortsinn. Konjunktur hat die Kategorie in Theorie und Praxis nach Systemumbrüchen – hier wäre freilich die Amnestie die angemessene Kategorie, welche die meisten Verdikte gegen die Gnade gerade nicht trifft. Gleichwohl ist Gnade auf Ebene der Verfassungen, des Grundgesetzes wie der Landesverfassungen, verankertes geltendes Recht. Dieses wahrlich deutliche Spannungsverhältnis lässt sich nur aushalten, weil der Anwendungsbereich von Gnade angesichts der Diffusion ihrer zentralen überkommenen Inhalte in die Rechtsordnung selbst, ihren Anwendungsbereich auf ein Minimum reduziert hat.

---

[76] *D. Merten* (Fn. 22), S. 13.

Autoren

Ulrich Berges ist Münsteraner des Jahrgangs 1958, studierte Philosophie und Theologie in Salzburg, an der Gregoriana sowie am päpstlichen Bibelinstitut in Rom. Nach der Priesterweihe schloss sich ein Promotionsstudium an der École Biblique in Jerusalem an. Eine erste Lehrtätigkeit folgte in Lima, wo er auch institutionell durch die Direktion eines theologischen Instituts und die Herausgeberschaft einer theologischen Fachzeitschrift verankert war. Ein postgraduiertes Studium an der Katholisch-Theologischen Fakultät in Münster führte 1998 mit einer alttestamentlichen Arbeit zur Habilitation. Ein erster Ruf führte *Ulrich Berges* dann sogleich als Ordinarius in das niederländische Nimwegen, wo er u. a. als Forschungsdekan der theologischen Fakultät tätig war. Verbunden mit zahlreichen Funktionen wechselte er 2005 auf den Münsteraner Lehrstuhl für „alttestamentliche Exegese", verknüpft mit der Direktion des Seminars für die Zeit- und Religionsgeschichte des Alten Testaments als Nachfolger von *Erich Zenger.* Schließlich erfolgte 2009 ein Wechsel auf den Lehrstuhl für alttestamentliche Wissenschaft an der Universität Bonn. Zahlreiche internationale Gastprofessuren und Funktionen, seit 2012 Mitglied der Nordrhein-Westfälischen Akademie der Wissenschaften.

Thomas Harden ist Düsseldorfer des Jahrgangs 1961. Dort langjährige Tätigkeit als Ministerialrat, u. a. als Leiter eines Referats u. a. für Gnadenangelegenheiten. Seit März 2014 Leiter der Staatsanwaltschaft Düsseldorf. Nach dem Studium der Rechtswissenschaft in Bonn und Köln Erstes Juristisches Staatsexamen in Düsseldorf, nach dem juristischen Vorbereitungsdienst Zweites Juristisches Staatsexamen ebendort. Staatsanwalt in Düsseldorf, dann Oberstaatsanwalt bei der Generalstaatsanwaltschaft Düsseldorf, 2002 Wechsel in das nordrhein-westfälische Justizministerium. Lehrbeauftragter für Strafrecht an der Universität Düsseldorf.

David von Mayenburg, Münchener des Jahrgangs 1968, Studium der Neueren und Neuesten Geschichte sowie Sozial- und Wirtschaftsgeschichte in seiner Heimatstadt sowie in Oxford. Dieses Studium schloss er 1995 mit einer Arbeit zur englischen Bildungsgeschichte bei *Gerhard Albert Ritter* in München ab. Es folgten Jurastudium und Rechtsreferendariat in Bonn. Nach der Promotion mit einer preisgekrönte Dissertation „Kriminologie und Strafrecht vom Kaiserreich bis zum Nationalsozialismus“ über den Strafrechtler *Hans von Hentig* folgte die Habilitation mit einer rechtshistorischen Arbeit zum Gemeinen Recht im Zeitalter des Bauernkriegs von 1525, so dass die Lehrbefugnis für die Fächer „Bürgerliches Recht, Deutsche Rechtsgeschichte und Geschichte des Kirchenrechts“ in Bonn erworben werden konnte. Lehrstuhlvertretungen in Bayreuth und Frankfurt, können erwähnt werden, 2012 Annahme eines Rufes auf einen rechtsgeschichtlichen Lehrstuhl (Extraordinariat) an der Universität Luzern, seit 2013 Inhaber eines Lehrstuhls für Neuere Rechtsgeschichte, Geschichte des Kirchenrechts und Zivilrecht an der Goethe-Universität Frankfurt a. M.

Stefan Ulrich Pieper leitet als Ministerialrat das Referat Verfassung und Recht, Justitiariat im Bundespräsidialamt. Studium der Rechtswissenschaft in Bonn und Münster, Juristische Staatsexamina 1984 und 1988. 1993 Promotion mit einer Arbeit zum Subsidiaritätsprinzip, 2000 Habilitation in Münster, venia legendi für Öffentliches Recht, einschließlich Völker- und Europarecht. 2000 bis 2004 in der verfassungsrechtlichen Abteilung des Bundesministeriums des Innern tätig, seit 2004 im Bundespräsidialamt. Apl. Professor der Rechtswissenschaftlichen Fakultät der Universität Münster.

Christian Waldhoff ist Paderborner des Jahrgangs 1965. Nach dem Abitur studierte er Rechtswissenschaften in Bayreuth, Fribourg, München und Speyer. Die juristischen Staatsexamina sowie Promotion und Habilitation erfolgten in München. Als Lehrbefugnis wurde ihm „Staats- und Verwaltungsrecht; Steuerrecht; Europarecht sowie Verfassungs- und Verwaltungsgeschichte der Neuzeit“ 2002 in München verliehen. Nach Lehrstuhlvertretungen in Erlangen und Bayreuth war er von 2003 bis 2012 Inhaber eines Lehrstuhls für öffentliches Recht an der Rechts- und Staatswissenschaftlichen Fakultät der Universität Bonn, dort zugleich Direktor des Kirchenrechtlichen Instituts. 2011/12 stellvertretender Direktor des Käte-Hamburger-Kollegs „Recht als Kultur“ in Bonn. Seit dem Sommersemester 2012 bekleidet er einen Lehrstuhl für Öffentliches Recht und Finanzrecht an der Humboldt-Universität zu Berlin. Seine Interessen- und Arbeitsgebiete sind das Verfassungsrecht, das Finanzrecht, das Parlamentsrecht, das Verhältnis Recht–Religion sowie die Verfassungsgeschichte.

Rechtstexte zur Gnade

Verfassung des deutschen Reiches vom 28. März 1849, RGBl. S. 101 (Paulskirchenverfassung)

§ 81

In Strafsachen, welche zur Zuständigkeit des Reichsgerichts gehören, hat der Kaiser das Recht der Begnadigung und Strafmilderung. Das Verbot der Einleitung oder Fortsetzung von Untersuchungen kann der Kaiser nur mit Zustimmung des Reichstages erlassen.

Zu Gunsten eines wegen seiner Amtshandlungen verurtheilten Reichsministers kann der Kaiser das Recht der Begnadigung und Strafmilderung nur dann ausüben, wenn dasjenige Haus, von welchem die Anklage ausgegangen ist, darauf anträgt. Zu Gunsten von Landesministern steht ihm ein solches Recht nicht zu.

Verfassungsurkunde für den Preußischen Staat vom 31. Januar 1850, PrGS S. 17

Art. 49

Der König hat das Recht der Begnadigung und Strafmilderung.

Zu Gunsten eines wegen seiner Amtshandlungen verurtheilten Ministers kann dieses Recht nur auf Antrag derjenigen Kammer ausgeübt werden, von welcher die Anklage ausgegangen ist.

Der König kann bereits eingeleitete Untersuchungen nur auf Grund eines besonderen Gesetzes niederschlagen.

Verfassung des Deutschen Reichs vom 11. August 1919, RGBl. S. 1383 (Weimarer Reichsverfassung)

Art. 49

Der Reichspräsident übt für das Reich das Begnadigungsrecht aus. Reichsamnestien bedürfen eines Reichsgesetzes.

Grundgesetz für die Bundesrepublik Deutschland vom 23. Mai 1949, BGBl. S. 1

Art. 60

(1) ...

(2) Er [der Bundespräsident] übt im Einzelfalle für den Bund das Begnadigungsrecht aus.

(3) Er kann diese Befugnisse auf andere Behörden übertragen.

(4) ...

Verfassung des Landes Baden-Württemberg vom 11. November 1953, GBl. S. 173

Art. 52

(1) Der Ministerpräsident übt das Gnadenrecht aus. Er kann dieses Recht, soweit es sich nicht um schwere Fälle handelt, mit Zustimmung der Regierung auf andere Behörden übertragen.

(2) Ein allgemeiner Straferlass und eine allgemeine Niederschlagung anhängiger Strafverfahren können nur durch Gesetz ausgesprochen werden.

Verfassung des Freistaates Bayern i.d.F. d. B. v. 15. Dezember 1998, GVBl. S. 991

Art. 47

...

(4) Er [der Ministerpräsident] übt in Einzelfällen das Begnadigungsrecht aus.

...

Verfassung von Berlin vom 23. November 1995, GVBl. S. 779

Art. 81

Das Recht der Begnadigung übt der Senat aus. Er hat in den gesetzlich vorzusehenden Fällen den vom Abgeordnetenhaus zu wählenden Ausschuss für Gnadensachen zu hören. Der Senat kann seine Befugnis auf das jeweils zuständige Mitglied des Senats übertragen.

Verfassung des Landes Brandenburg vom 20. August 1992, GVBl. I S. 298

Art. 92 Begnadigungsrecht

Der Ministerpräsident übt im Einzelfall für das Land das Begnadigungsrecht aus. Er kann diese Befugnis übertragen.

Landesverfassung der Freien Hansestadt Bremen vom 21. Oktober 1947, GBl. S. 251

Art. 121

(1) Der Senat übt das Recht der Begnadigung aus. Er kann die Befugnis auf andere Stellen übertragen.

(2) Allgemeine Straferlasse und die Niederschlagung einer bestimmten Art gerichtlich anhängiger Strafsachen bedürfen eines Gesetzes. Die Niederschlagung einer einzelnen gerichtlich anhängigen Strafsache ist unzulässig.

Verfassung der Freien und Hansestadt Hamburg vom 6. Juni 1962, GVBl. S. 117

Art. 44

(1) Dem Senat steht das Begnadigungsrecht zu.

(2) Amnestien bedürfen eines Gesetzes. Strafverfahren darf der Senat nur auf Grund gesetzlicher Ermächtigung niederschlagen.

Verfassung des Landes Hessen vom 1. Dezember 1946, GVBl. S. 229

Art. 109

(1) Der Ministerpräsident übt namens des Volkes das Recht der Begnadigung aus. Er kann die Befugnis auf andere Stellen übertragen. Die Bestätigung eines Todesurteils bleibt der Landesregierung vorbehalten.

(2) Zugunsten eines wegen einer Amtshandlung verurteilten Ministers kann das Begnadigungsrecht nur auf Antrag des Landtags ausgeübt werden.

(3) Allgemeine Straferlasse und die Niederschlagung einer bestimmten Art anhängiger Strafsachen bedürfen der Zustimmung des Landtags. Die Niederschlagung einer einzelnen gerichtlich anhängigen Strafsache ist unzulässig.

Verfassung des Landes Mecklenburg-Vorpommern vom 23. Mai 1993, GVOBl. S. 372

Art. 49

(1) Der Ministerpräsident übt im Einzelfall für das Land das Begnadigungsrecht aus. Er kann dieses Recht übertragen.

(2) Eine Amnestie bedarf eines Gesetzes.

Niedersächsische Verfassung vom 19. Mai 1993, GVBl. S. 107

Art. 36 Begnadigungsrecht, Amnestie

(1) Die Ministerpräsidentin oder der Ministerpräsident übt im Einzelfall das Begnadigungsrecht aus. Sie oder er kann ihre oder seine Befugnis auf andere Stellen übertragen.

(2) Allgemeine Straferlasse und die Niederschlagung von Strafsachen bedürfen eines Gesetzes.

Verfassung für das Land Nordrhein-Westfalen vom 28. Juni 1950, GV NW S. 127

Art. 59

(1) Der Ministerpräsident übt das Recht der Begnadigung aus. Er kann die Befugnis auf andere Stellen übertragen. Zugunsten eines Mitglieds der Landesregierung wird das Recht der Begnadigung durch den Landtag ausgeübt.

(2) Allgemeine Straferlasse und die Niederschlagung einer bestimmten Art anhängiger Strafsachen dürfen nur auf Grund eines Gesetzes ausgesprochen werden.

Verfassung für Rheinland-Pfalz vom 18. Mai 1947, VOBl. S. 209

Art. 103

(1) Der Ministerpräsident hat das Recht, im Wege der Gnade rechtskräftig erkannte Strafen zu erlassen oder zu mildern. Durch Gesetz kann dieses Recht bei Verurteilung durch die ordentlichen Gerichte dem Minister der Justiz, in den übrigen Fällen jedem Minister für seinen Geschäftsbereich übertragen werden.

(2) Amnestien bedürfen des Gesetzes.

Verfassung des Saarlandes vom 15. Dezember 1947, ABl. S. 1077

Art. 93

Die Ausübung des Begnadigungsrechts wird durch Gesetz geregelt. Amnestie bedarf eines Gesetzes.

Verfassung des Freistaates Sachsen vom 27. Mai 1992, GVBl. S. 243

Art. 67

(1) Der Ministerpräsident übt das Begnadigungsrecht aus. Er kann dieses Recht, soweit es sich nicht um schwere Fälle handelt, mit Zustimmung der Staatsregierung auf andere Staatsbehörden übertragen.

(2) Ein allgemeiner Straferlass und eine allgemeine Niederschlagung anhängiger Strafverfahren können nur durch Gesetz ausgesprochen werden.

Verfassung des Landes Sachsen-Anhalt vom 16. Juli 1992, GVBl. S. 600

Art. 85 Gnadenrecht, Amnestie

(1) Das Gnadenrecht wird durch den Ministerpräsidenten ausgeübt. Dieses Recht kann übertragen werden.

(2) Eine Amnestie bedarf eines Gesetzes.

Verfassung des Landes Schleswig-Holstein vom 13. Juni 1990, GVOBl. S. 391

Art. 32 Begnadigung, Amnestie

(1) Die Ministerpräsidentin oder der Ministerpräsident übt im Namen des Volkes das Begnadigungsrecht aus. Die Befugnis kann übertragen werden.

(2) Eine Amnestie bedarf eines Gesetzes.

Verfassung des Freistaats Thüringen vom 25. Oktober 1993, GVBl. S. 625

Art. 78

(1) ...

(2) Er [der Ministerpräsident] übt das Begnadigungsrecht aus.

(3) Er kann die Befugnisse nach den Absätzen 1 und 2 übertragen.

(4) Eine Amnestie bedarf eines Gesetzes.

Bibliographie Gnade und Recht

Bachof, Otto, Über Fragwürdigkeiten der Gnadenpraxis und der Gnadenkompetenz, JZ 1983, S. 469

Bartning, Gerhard, Zur Beurteilung der Gnadenwürdigkeit von Strafgefangenen, ZfStrVo 1961, S. 33

Birkhoff, Hansgeorg/*Lemke,* Michael, Gnadenrecht, München 2012

Blaich, Kathrin, System und rechtsstaatliche Ausgestaltung des Gnadenrechts, Baden-Baden 2012

Böllhoff, Cornelius, Begnadigung und Delegation, Berlin 2012

Brückner, Thomas, Das ‚Ius Aggratiandi': Gnade und Recht und ihre Interaktion in der rechtswissenschaftlichen Literatur der Frühen Neuzeit, in: Tijdschrift voor Rechtsgeschiedenis, 69 (2001), S. 57

Dimoulis, Dimitri, Die Begnadigung in vergleichender Perspektive, Berlin 1996

Drews, Richard, Das deutsche Gnadenrecht, Köln u.a. 1971

Engisch, Karl, Recht und Gnade, in: ders., Schuld und Sühne, München 1960, S. 107

Fischer, Hartmut, Legitimation von Gnade und Amnestie im Rechtsstaat, Neue Kriminalpolitik 2001, S. 21

Flor, Georg, Gnade vor Recht, Evangelische Kommentare 1989, S. 31

Freuding, Stefan, Das Gnadenrecht, StraFo 2009, S. 491

Fromm, Ingo E., Gnadenanträge bei Entziehung der Fahrerlaubnis und Fahrverbot, NZV 2011, S. 329

Geerds, Friedrich, Gnade, Recht und Kriminalpolitik, Tübingen 1960

– Artikel „Begnadigung und Amnestie", in: Staatslexikon der Görres-Gesellschaft, Bd. 1, 7. Aufl. Freiburg i. Br. 1985, Sp. 612

Grewe, Wilhelm, Gnade und Recht, Hamburg 1936

Hattenhauer, Hans, Die Begnadigung im Spiegel der Legende, ZStW 1966, S. 184

Hess-Odoni, Urs, Die Begnadigung – ein notwendiges Instrument der Strafjustiz, SchwJZ 2001, S. 413

Hindrichs, Gunnar, Autorität und Milde – Zum Begnadigungsrecht des Bundespräsidenten, JZ 2008, S. 242

Hömig, Dieter, Gnade und Verfassung, DVBl. 2007, S. 1328

Holste, Heiko, Die Begnadigung – Krönung oder Störung des Rechtsstaates? Jura 2003, S. 738

Huba, Hermann, Gnade im Rechtsstaat? Der Staat 29 (1990), S. 117

Hüser, Klaus, Begnadigung und Amnestie als kriminalpolitisches Instrument mit Untersuchungen aus dem Hamburger Bereich, Hamburg 1973

Kanzleiter, Rainer, Die Begnadigung unter besonderer Berücksichtigung des Steuerstrafrechts, Würzburg 1965

Kaufmann, Arthur, Recht und Gnade in der Literatur, NJW 1984, S. 1062

Kauther, Helmut, Gnade vor Recht! Auch heute noch?, VR 1978, S. 193

Kett-Straub, Gabriele, Auch Terroristen haben einen Rechtsanspruch auf Freiheit, GA 2007, S. 332

Knemeyer, Franz-Ludwig, Auf dem Wege zur Justitiabilität von Gnadenakten, DÖV 1970, S. 121

Kraschutzki, Heinz, Begnadigung, ZRP 1970, S. 226

Krumm, Karl-Heinz, Gnade, Gnadenrecht, Gnadenpraxis, Vorgänge 1977, S. 94

Marxen, Klaus, Rechtliche Grenzen der Amnestie, Heidelberg 1984

Maurer, Axel, Das Begnadigungsrecht im modernen Verfassungs- und Kriminalrecht, Frankfurt a. M. 1979

Meier, Bernd-Dieter, Vertraulich, aber unspektakulär: die Gnadenpraxis in Deutschland, in: FS für Hans-Dieter Schwind, Heidelberg u. a. 2006, S. 1059

Meier, Horst, Gesetzloses Wunder – Vom Sinn der Gnade, Blätter für deutsche und internationale Politik 2007, S. 742

Merten, Detlef, Rechtsstaatlichkeit und Gnade, Berlin 1978

Mikisch, Christian, Gnade im Rechtsstaat, Frankfurt a. M. u. a. 1996

Mörtel, Georg, Der Gnadenakt im Streit der Meinungen, BayVBl. 1968, S. 81

Monz, Heinz, Die Anfechtbarkeit von Gnadenentscheidungen, NJW 1966, S. 137

Müller, Georg, Reservate staatlicher Willkür – Grauzonen zwischen Rechtsfreiheit, Rechtsbindung und Rechtskontrolle, in: FS für Hans Huber, Bern 1981, S. 109

Müller-Dietz, Rolf, Recht und Gnade, DRiZ 1987, S. 474

Peine, Franz-Joseph, Gnade und Rechtsstaat, StVj. 1991, S. 299

Pieper, Stefan Ulrich, Das Gnadenrecht des Bundespräsidenten – eine Bestandsaufnahe, in: FS für Roman Herzog, München 2009, S. 355

Preuschen, Diethardt Freiherr von, Für ein rationales Gnadenrecht, NJW 1970, S. 458

Rabenau, Konrad von, Recht und Gnade, in: Kühl/Seher (Hrsg.), Rom, Recht, Religion, Tübingen 2011, S. 115

Rehse, Birgit, Die Supplikations- und Gnadenpraxis in Brandenburg-Preußen, Berlin 2008

Rinio, Carsten, Rechtsprechungsübersicht zum Widerruf von Gnadenerweisen, NStZ 2006, S. 438

Rüping, Hinrich, Die Gnade im Rechtsstaat, in: FS für Friedrich Schaffstein, Göttingen 1975, S. 31

Schätzler, Johann-Georg, Gnade vor Recht, NJW 1975, S. 1249

– Handbuch des Gnadenrechts, 2. Aufl. München 1992

Schall, Hero, Gnade vor Recht oder Recht vor Gnade? in: FS für Rolf-Dietrich Herzberg, Tübingen 2008, S. 899

Schenke, Wolf-Rüdiger, Rechtsschutz gegen Gnadenakte, JA 1981, S. 588

Schneider, Gerhard, Anmerkungen zum Begnadigungsrecht, MDR 1991, S. 101

Schütte, Matthias, Zur Justiziabilität von Gnadenakten des Bundespräsidenten, JA 1999, S. 868

Schulz-Merkel, Philipp, Gnadenrecht, Frankfurt a. M. 2011

Schulze-Fielitz, Helmuth, Artikel „Gnadenakte“, in: Evangelisches Staatslexikon, Gütersloh 2006, Sp. 886

Seuffert, Walter, Über gerichtsfreie Akte und die Grenzen des Rechts, in: FS für Gebhard Müller, Tübingen 1970, S. 491

Strasser, Peter, Dunkle Gnade – Willkür und Wohlwollen, München 2007

Süß, Frank, Studien zur Amnestiegesetzgebung, Berlin 2001

Trautmann, Helmut, Geltung der Rechtsweggarantie des Art. 19 Abs. 4 GG bei Gnadenentscheidungen, MDR 1971, S. 173

Uppenkamp, Thomas, Die Begnadigung und ihre Bedeutung bei der lebenslangen Freiheitsstrafe, Münster 1972

Warnecke, Almuth, Die Probleme der Begnadigung „Lebenslänglicher" und des § 57a StGB sowie deren Ursachen, Köln 2001

Wiontzek, Sandra, Handhabung und Wirkungen des Gnadenrechts, Hamburg 2008

Wussow, Ulrich, Zur Problematik von Gnadenentscheidungen, DÖD 1989, S. 105

Frank Süß

Studien zur Amnestiegesetzgebung

Das Interesse der politischen Instanzen an dem Instrument »Amnestie« ist unverändert hoch. In der wissenschaftlichen Diskussion spielt der Gegenstand dagegen nur eine marginale Rolle. Die »Studien zur Amnestiegesetzgebung« sind der Versuch, das Thema »Amnestie« in Teilbereichen aus seinem wissenschaftlichen Schattendasein herauszuführen.

Im ersten Kapitel beschreibt Frank Süß die Etymologie des (Rechts-)Begriffs »Amnestie« und die Möglichkeiten einer »politischen Semantik« im Sinne einer politischen Instrumentalisierung des Begriffs »Amnestie«. Daraufhin definiert er die Tatbestandsmerkmale einer Amnestieregelung. Gleichzeitig erfolgt die verfassungsrechtlich gebotene Abgrenzung der Amnestie von ähnlichen Regelungstypen. Die Vorstellung und Systematisierung der fünf verschiedenen Amnestietypen erfolgt im dritten Kapitel. Dabei wird anhand einer Vielzahl von Beispielen die bis in die Antike reichende Tradition sowie die politische Instrumentalisierung der Amnestiegesetzgebung belegt.

Schriften zum Öffentlichen Recht, Band 852

296 Seiten, 2001
ISBN 978-3-428-10227-3, € 76,–